D1734207

Björn Jakob

Verwertung und Verteilung von Tantiemen aus digitaler Distribution

Untersuchung der
Verteilungsstruktur der GEMA

Diplomica® Verlag GmbH

Jakob, Björn: Verwertung und Verteilung von Tantiemen aus digitaler Distribution: Untersuchung der Verteilungsstruktur der GEMA.
Hamburg, Diplomica Verlag GmbH 2013

ISBN: 978-3-8428-9088-6
Druck: Diplomica® Verlag GmbH, Hamburg, 2013

Bibliografische Information der Deutschen Nationalbibliothek:
Die Deutsche Nationalbibliothek verzeichnet diese Publikation in der Deutschen Nationalbibliografie; detaillierte bibliografische Daten sind im Internet über http://dnb.d-nb.de abrufbar.

Die digitale Ausgabe (eBook-Ausgabe) dieses Titels trägt die ISBN 978-3-8428-4088-1 und kann über den Handel oder den Verlag bezogen werden.

Abstract

In der folgenden wissenschaftlichen Untersuchung wird die Thematik der aktuell, unzureichenden Verwertung von Musik im digitalen Bereich beschrieben und versucht, durch verschiedene Ansätze und Experteninterviews diese Problemstellung durch Veränderungen des bestehenden Strukturmodells der Gesellschaft für musikalische Aufführungs- und mechanische Vervielfältigungsrechte, im Ansatz zu entwickeln. Es wird versucht anhand der Untersuchung des aktuellen Urheberrechts und den Verteilungsplänen sowie Schlüssel, die Problemstellung zu definieren und die Ursachen zu finden. Anhand der gewonnen Erkenntnisse bezüglich des Verwertungsmodells, sollen neue Formen des Strukturmodells entwickelt werden und im Ansatz so dargestellt werden, dass diese auch aktiv in die aktuelle Vorgehensweise implementiert werden können. Ziel ist es primär die Kernproblematik zu erkennen und diese durch praktische Veränderungen so zu modifizieren, dass eine zeitnahe Umsetzung möglich wäre.

Vorwiegend die Verteilung von Gebühren an die Urheber war Gegenstand der Untersuchung. Die Ermittlung nach welchen Verfahren, welche Gelder ausgeschüttet werden, war entscheidend. Aber auch welche Rahmenbedingungen genutzt bzw. geschaffen werden müssen um eine neue Verteilungsstruktur zu ermöglichen werden beleuchtet. So werden zum einen die technischen Anforderungen beleuchtet als auch der Aspekt der gesellschafts-politischen Diskussion mit eingebracht. So wird versucht die Problematik gesamt zu erfassen um so ein vollständiges Bild der Lage zu erhalten.

Inhaltsverzeichnis

Abbildungsverzeichnis

Tabellenverzeichnis

Anhangverzeichnis

Abkürzungsverzeichnis

BVMI   Bundesverband Musikindustrie e.V.

Gema   Gesellschaft für musikalische Aufführungs- und mechanische Vervielfäl-
        tigungsrechte

GfK   Gesellschaft für Konsumforschung

IFPI   International Federation of the Phonographic Industry

ISRC   International Standart Recording Code

1 Einleitung

Die digitale Entwicklung im globalen Markt hat in den letzten Jahren rasant zugenommen und es werden ständig neue Konsumkanäle bzw. -formen entwickelt und zugänglich gemacht. Der Fortschritt von der Compact Disc bis hin zum 32 Gigabyte Mp3-Player in den letzten 25 Jahren, wurde so schnell vollzogen, dass hier der Musikmarkt bzw. die Musikindustrie es verpasst hat, sich an diese neuen Formen der Distribution anzupassen und diese auch so zu nutzen, dass Vorteile daraus entstehen und neue Märkte erschlossen werden können. Neue technische Möglichkeiten wurden nicht rechtzeitig erkannt und brachten somit neue Stakeholder, in einen neuen Markt. Somit haben wir neue Akteure in der digitalen Musikdistribution, die mit dem Schaffen von musikalischem Content nichts zu tun haben, jedoch trotzdem an der Wertschöpfungskette partizipieren können.

Diese Entwicklung lässt sich der vierten Mediamorphose zuschreiben, die auch als digitale Mediamorphose bezeichnet wird.[1] Diese Entwicklung bringt Trends mit sich, die schwerwiegende Auswirkungen auf den Musikmarkt und ihre Schaffenden hat. 2012 stiegen erstmals die digitalen Verkäufe in den USA, im Umsatz, über die physischen Verkäufe hinaus. Diese Entwicklung wird auch in Europa voranschreiten und laut einer GfK-Studie, 2015 in Deutschland der Fall sein.

Aufgrund dieser Entwicklung stellt sich nun die Frage inwieweit die Verwertung von digitalem Content geregelt und gerechtfertigt ist. Diese Frage wird nun in den folgenden Kapiteln erläutert und anhand der bestehenden GEMA-Geschäftsordnung und dem Jahresbericht des Bundesverbands der Musikindustrie, nachfolgend BVMI genannt, herausgearbeitet und erläutert.

---

[1] Vgl. Smudits, S.173-175

2 Themenfindung

2.1 Problemstellung

Die in den letzten Jahren enorm gestiegene Nutzung im Online-Bereich führt immer mehr dazu, dass sich viele Akteure im Musikmarkt fragen, inwieweit die Lizenzierung auf digitaler Ebene möglich ist und diese auch konsequent kontrolliert werden kann. Man kann fast täglich der Tages- oder Fachpresse entnehmen, dass die Stimmen um die Nutzung und der damit einhergehenden Rechtsverletzung immer größer werden und die GEMA hier als Hassobjekt und Übel an allem, deklariert wird. Allein wenn man schon das Beispiel Youtube heranzieht, ist zu erkennen, dass der Rezipient hier die Schuld nicht bei Youtube sieht, sondern die bei der GEMA liegen soll. Warum ? Das alleine zeigt Abbildung 1, die eine typische Meldung, bei Videos die nicht lizenziert sind, zeigt. Der Nutzer, der diese Meldung sieht bekommt durch die Formulierung: „... die erforderlichen Musikrechte von der GEMA nicht eingeräumt ...", sofort den Eindruck das die GEMA verantwortlich für diese Sperrung ist. Wenn man aber den Tatsachen-bestand betrachtet, hat Youtube diese Rechte nicht erworben, da Youtube nicht bereit ist, für diese Lizenz zu bezahlen. Dieser Hinweis wird wissentlich nicht mit eingebracht.

Abbildung 1: Hinweis auf Youtube[2]

---

[2]http://www.musikexpress.de/incoming/article289829.ece/ALTERNATES/w620/GEMA%2Bvs%2BYouTube.jpg

Aber auch die illegale Nutzung von urheberrechtlich geschütztem Content führt zu einem wirtschaftlichen Schaden, der nicht zu vernachlässigen ist. So zeigte z.B. die Studie zur digitalen Content-Nutzung der GfK[3], erstellt für den Bundesverband Musikindustrie e.V., das 2010 ca. 185. Mio. Musik-Einzeltracks von 1,8 Mio. Personen illegal heruntergeladen wurden.[4] Aber vor allem die immer mehr erklingenden Stimmen der GEMA Mitglieder, dass die Verwertung von Online-Nutzung besser wahrgenommen werden muss, ist ausschlaggebend. So z.b. in der Mitgliederversammlung 2012, in der auch die Thematik mit dem Umgang von Online-Content zur Diskussion gestellt wurde. Ebenso die Tatsache, dass es immer mehr Interessengruppen und auch Branchentreffen wie das c/o pop in Köln gibt, die sich mehr und mehr mit dieser Thematik beschäftigen. Auch die immer mehr erscheinenden Statements von bekannten Mitglieder der GEMA wie z.B. Konstantin Wecker, Sven Väth, Henning Wehland, Xavier Naidoo, Nina Hagen, uvm., zeigen das innerhalb der Branche die Thematik um das Urheberrecht und dessen Verwertung höchsten Stellenwert hat. In diesem Zusammenhang ist auch die Fragestellung der Berechtigung verschiedener Akteure innerhalb der Wertschöpfungskette im Musikmarkt möglich. Sollen denn überhaupt noch die konventionellen Beteiligten an einer Verwertung im Online-Bereich partizipieren? Ist die Stellung der Labels und der Verlage noch gerechtfertigt? Gibt es für Urheber die Möglichkeiten, die Verrechnung von Einnahen in direktem Zusammenhang mit der Nutzung und dem damit verbundenen Inkasso, selbst zu bestimmen und durchzuführen?

2.2 Recherche und Informationsquellen

Da sich diese Thematik bzw. Problemstellung mit strukturellen Inhalten einer statischen Ordnung, in diesem Falle die Verteilungsordnung der GEMA beschäftigt, war es naheliegend das primär die Geschäftsordnung bzw. das aktuelle Jahrbuch 2011/2012 der GEMA als Hauptquelle dient. Grund hierfür ist, dass alle gesetzlichen Bestimmungen, die das Urheberrecht und dessen Wahrnehmung betreffend in diesem Bericht beschrieben und aufgeführt sind. So sagt z.B. das Urheberrechtswahrnehmungsgesetzt, kurz UrhWG, in § 6 das die Verwertungsgesellschaft einen Wahrnehmungszwang hat, somit also verpflichtet ist, die Rechte aller Mitglieder angemessen wahrzunehmen.[5] § 8 des UrhWG besagt zusätzlich das die Verwertungsgesellschaft die Verteilung der Einnahmen nach einem Verteilungsplan, der Bestandteil der Satzung

---

[3] Gesellschaft für Konsumforschung: Die GfK ist eines der größten Marktforschungsunternehmen weltweit. Ihre mehr als 11.500 Mitarbeiterinnen und Mitarbeiter erforschen, wie Menschen leben, denken und konsumieren.
[4] Vgl. GfK, DCN-Studie 2011, S.15
[5] vgl. GEMA Jahrbuch 2011/2012, S. 139

sein muss, erfolgen muss.[6] Aber auch die weiteren Paragrafen des UrhWG regeln verschiedene Punkte wie Tarife, Abschlusszwang, Abrechnungsdarlegung, Wahlen, Mitglieder-Aufnahme und Ausschussregeln, usw.[7] Somit kommt man nicht um das Jahrbuch der Gema bzw. die Satzungen und Ordnungen der Gema herum.

Um aber auch die strukturellen Ergebnisse im Bezug auf die Verteilungspläne einordnen zu können, war es von Nöten diese mit Zahlen zu belegen und zu vergleichen. Um einen Überblick zum Gesamtaufkommen zu erhalten wurden zusätzlich zum Gema Jahresbuch 2011/2011 verschiedene Berichte und Studien zur Hand genommen. So z.B. die DNC Studie, Studie zur digitalen Content-Nutzung, die von der GfK im Auftrag des Bundesverband Musikindustrie e.V., erstellt wurde. Diese zeigt inwieweit digitale Inhalte, durch welche Kanäle genutzt werden. Sie beschreibt so die einzelnen Stationen der Laswell-Formel und gibt diese in repräsentative Zahlen wieder. Die Erhebungen der DNC-Studie erfolgten auf Basis einer Befragung innerhalb von GfK Media Scope bzw. des GfK Panel Services Deutschland.[8]

Als weitere Quelle wurde der Bericht, Musikindustrie in Zahlen 2010, des Bundesverband Musikindustrie e.V. herangezogen. Dieser sehr ausführliche Bericht deckt die gesamte Nutzung innerhalb des Musikmarktes ab und zeigt sehr differenzierte und elementare Fakten und Zahlen. Hier werden alle Erhebungen und Zahlen der GfK und von media control mit einbezogen und zur Übersicht gestellt.

Zusätzlich dienten noch die jeweiligen Websites der Institutionen, die in diesem Buch behandelt werden, als Informationsquelle.

---

[6] vgl. GEMA Jahrbuch 2011/2012, S. 139
[7] vgl. GEMA Jahrbuch 2011/2012, S. 140-148
[8] vgl. GfK, DNC-Studie, S.4

3 Die Beteiligten Institutionen und ihre Daten

In diesem Kapitel wird auf die wichtigen Institutionen, zum einen die Gesellschaft für musikalische Aufführungs- und mechanische Vervielfältigungsrechte und zum anderen dem Bundesverband Musikindustrie e.V. eingegangen, die als solche mit der Verwertung von Urheberrechten in ihrer Natur arbeiten oder diejenigen vertreten, die diese Rechte innehaben und relevante und valide Erhebungen publiziert haben.

3.1 Die GEMA

Das Urhebergesetz und das daran angeschlossene Urheberrechtsverwertungsgesetzt gibt vor in welcher Form und durch wen diese Verwertung in Form von Inkasso vorgenommen werden darf. Diese Rechte werden von der Gesellschaft für musikalische Aufführungsrechte und mechanische Vervielfältigungsrechte wahrgenommen. Seit 77 Jahren ist die GEMA, die Verwertungsgesellschaft in Deutschland zur kollektiven Rechtewahrnehmung von Urhebern in ihrer Person als Komponisten, Texter, Bearbeiter oder Verleger. Die GEMA hat aktuell insgesamt 64.778 Mitglieder, davon 3.414 ordentliche Mitglieder, 6.435 außerordentliche Mitglieder und 54.929 angeschlossene Mitglieder.[9]

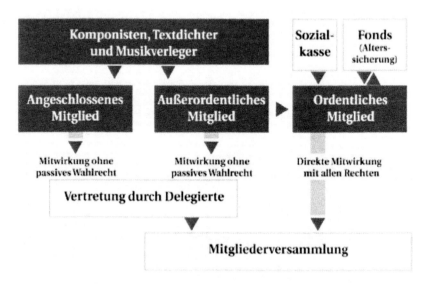

Abbildung 2: Mitgliederstruktur der GEMA, www.gema.de

---

[9] Vgl. Gema Jahrbuch 2011/2012, S.43

Abbildung 2 zeigt die Mitgliederstruktur und die indirekte Hierarchie im Bezug auf die Mitgliederstellung innerhalb der Gema. So haben ausschließlich die ordentlichen Mitglieder ein direktes Wahlrecht das sie bei der Mitgliederversammlung, also dem entscheidenden Organ innerhalb der GEMA, besitzen, wobei außerordentliche und angeschlossene Mitglieder nur passives Wahlrecht besitzen und wirken somit nur indirekt, in dem sie Delegierte für die Mitgliederversammlung wählen und entsenden, auf Entscheidungen ein. Diese Struktur wird von vielen Mitgliedern bemängelt, da die 37 Delegierten, fast 61.000 Mitglieder vertreten. Es wird also die Meinung und Interessen von 61.000 Mitgliedern auf 37 Delegierten-Stimmen reduziert. Dem gegenüber stehen ca. 3.400 ordentliche Mitglieder die alle eigene Stimmen zur Wahl besitzen.[10] Objektiv betrachtet schafft diese Verteilung ein großes Ungleichgewicht. Man kann aber klar eine Interpretation wagen, in der man sagt, dass vorwiegend die Interessen der ordentlichen Mitglieder verfolgt und zur Wahl gestellt werden und diese Entscheidungen von den außerordentlichen und angeschlossenen Mitgliedern mitgetragen werden müssen.

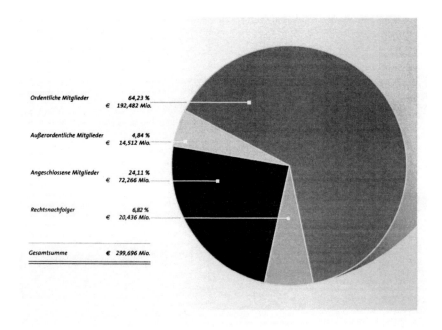

Abbildung 3: Beteiligung der Gema-Mitglieder an der Ausschüttung 2010, Gema Jahrbuch, S.44

---

[10] vgl. Gema Jahrbuch 2011/2012, S.159/160

18

Jedoch lässt sich diese Tatsache auch damit begründen, dass wie in Abbildung 3 dargestellt, ca. 64% der Ausschüttungen 2010 an die ordentlichen Mitglieder erfolgte. Im Gegensatz dazu erhielten die außerordentlichen Mitglieder ca. 5% der Ausschüttung und die angeschlossenen Mitglieder ca. 24% .[11] Diese Zahlen dienen wiederum als ein Beleg, in Bezug auf die Erwirtschaftung durch die verschienen Mitgliederformen, da die Gema in ihrem Verteilungsplan einen Gleichstellungsgrundsatz verankert hat, der besagt das alle Mitglieder bei der Berechnung von Tantiemen und der Ausschüttung nach den gleichen Maßstäben und Grundsätzen erfolgt, unabhängig davon welche Mitgliederkategorie, am meisten erwirtschaftete.[12] Aber auch die Satzung der Gema nimmt direkten Bezug auf die Rahmenbedingungen die der Urheber erfüllen muss, um eine Mitgliedschaft in der Gema zu erhalten.[13] Je mehr ein Urheber an Ausschüttung erlangt und je länger er Mitglied ist, desto höher ist seine Stellung innerhalb der Gema-Mitgliedschaft. In Abbildung 4 werden die Anforderungen und die Hürden der einzelnen Mitgliederformen verdeutlicht.

Abbildung 4: Anforderungen der Mitgliedschaft bei der Gema, In Anlehnung an das Aufnahmeverfahren Gema Satzung

Um die ordentliche Mitgliedschaft zu erreichen, muss eine fünfjährige außerordentliche Mitgliedschaft bestanden haben und es muss innerhalb von fünf Jahren, ein Gesamtaufkommen der Bezugsberechtigten Komponisten, Texter oder Bearbeiter in Höhe von 30.000€ angefallen sein. Bei Verlegern liegt die Summe des Aufkommens bei 75.000€.[14] Somit verhindert die Gema das Mitglieder mit sehr geringen Aufkommen, Mitgliedern mit direktem Wahlrecht werden, da dieses immer wieder entscheidend für Beschlüsse ist. So wird gewährleistet, dass vorwiegend die Mitglieder ein direktes Stimmrecht haben, die höhere Bezüge erreichen. Diese Mitglieder, die diese Hürde geschafft haben und dadurch ordentliche Mitglieder geworden sind, haben dann auch

---

[11] vgl. Gema Jahrbuch 2011/2012, S. 44
[12] vgl. Gema Jahrbuch 2011/2012, S. 291
[13] vgl. Gema Jahrbuch 2011/2012, S. 159
[14] vgl. Gema Jahrbuch 2011/2012, S. 160-161

einen Anspruch, in die verschiedenen Ausschüsse innerhalb der Gema gewählt zu werden, wie z.B. in den Werksausschuss, Aufnahmeausschuss, Programmausschuss, Schlichtungsausschuss, usw.

3.2 Der Bundesverband Musikindustrie e.V.

Der Bundesverband der Musikindustrie e.V ist die deutsche Sektion des International Federation of the Phonographic Industire, also der Internationale Dachverband der Tonträgerindustrie. Zweck des Vereins ist es die Belange seiner Mitglieder in Hinsicht auf Gemsamtvereinbarungen und Generalverträgen mit den Verwertungsgesellschaften abzuschließen. Er fördert nationale und internationale Rechts- und Verbandsbeziehungen, um so für die Hersteller bessere globale Verbindungen herzustellen. Seit Jahren ist er an erster Stelle, wenn es um die Verfolgung von Tonträgerpiraterie geht. Zusätzlich sieht die Satzung des BVMI e.V. eine Förderung des Nachwuchses in allen Gebieten des Musikschaffens vor. Die bekannteste Aufgabe des Bundesverbands ist die Verteilung und Bestimmung der Preise, wie insbesondere dem Deutschen Schallplattenpreis ECHO.[15]

Der Verein hat ordentliche, außerordentliche und korporative Mitglieder. Nur ordentliche Mitglieder sind stimmberechtigt im Sinne der §§ 32, 33 BGB, soweit in der Satzung nicht einem Vertreter der außerordentlichen Mitglieder ein Stimmrecht eingeräumt worden ist. Ordentliches Mitglied kann jedes ins Handelsregister eingetragene Unternehmen mit Sitz in der Bundesrepublik Deutschland werden, welches sich als Hersteller von Ton- und/oder Bildtonträgern betätigt. Hersteller ist, wer alle wesentlichen Vorgänge für die Herstellung eines zur kommerziellen Verwertung im allgemeinen Markt bestimmten Ton- oder Bildtonträgers ausführt oder Produktionen herstellt und Ton- oder Bildtonträger vertreibt oder vertreiben lässt.[16] Unternehmen können als außerordentliche Mitglieder aufgenommen werden, wenn dies geeignet erscheint, den Vereinszweck zu fördern.[17] Als fördernde Mitglieder kann man natürliche oder juristische Personen ansehen, die, die Ziele und Aufgaben des Vereins unterstützen.

Zusätzlich veröffentlichte der BVMI in den letzten Jahren die Brennerstudie, in Zusammenarbeit mit der GfK. Diese erhob jährlich, repräsentative Zahlen, die jegliche Form der Nutzung durch Leer-Tonträger und Downloads darstellten. Für den Markt ist diese Studie zum Synonym, zur Aufdeckung der illegalen Nutzung von Musik-Content

---

[15] vgl. Satzung BVMI 2012, S.1
[16] vgl. Satzung BVMI 2012, S.2
[17] vgl. Satzung BVMI 2012, S.3

geworden. Seit 2011 nennt sich die Studie, DNC-Studie, da es aktuell primär um das digitale Nutzungsverhalten geht.[18]

Die wichtigsten Dienstleistungen an seine Mitglieder sind:[19]

- Gesamtvertragsverhandlungen mit der GEMA zu Lizenzvereinbarungen
- Bereitstellung und Kommunikation der relevanten wirtschaftlichen Branchendaten
- Erhebung, Aufbereitung und Bereitstellung von relevanten Branchendaten
- Koordination der Verfolgung von Tonträger- und Internetpiraterie
- Beratung in allen rechtlichen Fragen des täglichen Geschäfts
- Erhebung und Weiterentwicklung der offiziellen deutschen Charts
- Verteilung von Gold- und Platin-Auszeichnungen und Erfolgskontrolle
- Erleichterung der Handelsabwicklung, Medien-Promotion und Bemusterung (über PHONONET)
- Verteilung der GVL-Erlöse
- Syndication: Verhandlung über Lizenzbedingungen

„Als ebenso wichtigen Faktor kann man die Vergabe des ISRC, dem International Standart Recording Code, ansehen. Der ISRC ist eine zwölfstellige, internationale, digitale Kennung für Titel/Tracks auf Ton- und Bildaufnahmen, die die eindeutige Zuordnung eines Titels/Tracks zu einer Firma ermöglichen. Der ISRC wird im Subcode digitaler Aufnahmen unhörbar mitgeführt und ist somit unmittelbar mit dem Track verbunden. Ein ISRC setzt sich aus vier Komponenten zusammen: dem Länderschlüssel, dem Erstinhaberschlüssel, dem Jahresschlüssel und dem Aufnahmeschlüssel"[20]. Beispiel:[21]

Tabelle 1: Bestandteile ISRC

Länderschlüssel		Erstinhaberschlüssel		Jahresschlüssel		Aufnahmeschlüssel
DE	-	P55	-	10	-	00001

Der ISRC wird im weiteren Verlauf der Arbeit noch relevant sein.

---

[18] vgl. http://www.musikindustrie.de/studien/
[19] vgl. http://www.musikindustrie.de/aufgaben_ziele/
[20] http://www.musikindustrie.de/isrc/
[21] http://www.musikindustrie.de/isrc/

4 Verwertungsmodelle und Pläne der GEMA

4.1 Die Verteilungspläne

Laut Urheberrechtswahrnehmungsgesetzt muss die Verwertungsgesellschaft eine Satzung haben, die genau festlegt wie und in welcher Form die Verwertung stattfindet. Nachfolgend werden diese Formen der Verwertung durch die GEMA, in den Verteilungspläne und ihren dazugehörigen Ausführungsbestimmungen erläutert.

4.1.1 Verteilungsplan A Aufführungs- und Senderecht

Der Verteilungsplan A und die dazugehörigen Bestimmungen setzten fest, welche Beteiligungen und Verteilungen stattfinden, wenn Gebühren für Aufführungen oder Sendungen im Fernsehen, Rundfunk, Live-Veranstaltungen, Bühnen oder auch Diskotheken und anderen gastronomischen Einrichtungen, zu verteilen sind.[22]

Nach Verteilungsplan A sind diejenigen bezugsberechtigt, die Komponisten, Texter, Verleger und Bearbeiter sind, deren Werke ordnungsgemäß angemeldet sind und deren Werk im laufenden Geschäftsjahr zur Aufführung gebracht werden.[23] In § 4 des Verteilungsplans A wird die Verteilungssumme nach den Anteilen wie in Tabelle 2 verteilt, soweit in bestimmten Fällen die Ausführungsbestimmungen nichts anderes vorgeben.[24]

Tabelle 2: Verteilungsanteile, Verteilungsschlüssel A, In Anlehnung an GEMA-Geschäftsbericht S.292

A.	Komponist	12 von 12		F.	Komponist	5 von 12
B.	Komponist	8 von 12			Textdichter	3 von 12
	Texterdichter	4 von 12			Verleger	4 von 12
C.	Komponist	11 von 12		G.	Komponist	7 von 12
	Bearbeiter	1 von 12			Bearbeiter	1 von 12
D.	Komponist	7 von 12			Verleger	4 von 12
	Bearbeiter	1 von 12		H.	Komponist	4 von 12
	Textdichter	4 von 12			Bearbeiter	1 von 12
E.	Komponist	8 von 12			Textdichter	3 von 12
	Verleger	4 von 12			Verleger	4 von 12

Der Textdichteranteil ist laut Verteilungsplan A auch dann zu entrichten, wenn, ein Werk mit Textanteil ohne den Text aufgeführt wird. Zusätzlich ist es möglich Text und Musik als gleichwertig einstufen zu lassen. Dies erfolgt auf gesonderten Antrag bei

---

[22] Vgl Gema Jahrbuch 2011, S.291
[23] Vgl Gema Jahrbuch 2011, S.292
[24] Vgl Gema Jahrbuch 2011, S.292

Werksanmeldung. Dieser Antrag wird dann vom Werksausschuss bearbeitet und ggf. darüber entschieden. Wenn diesem Antrag stattgegeben wird, verändert sich die Verteilung der Anteile von Tabelle 2 wie folgt:[25]

Tabelle 3: Verteilungsanteile, Anpassung des Textdichteranteils, In Anlehnung an GEMA-Geschäftsbericht S.292

B.	Komponist	6 von 12		F.	Komponist	4 von 12
	Texterdichter	6 von 12			Textdichter	4 von 12
D.	Komponist	6 von 12			Verleger	4 von 12
	Bearbeiter	1 von 12				
	Textdichter	5 von 12				

Durch § 6 des Verteilungsplans A, ist es möglich Verteilungen und Abrechnungen, die aufgrund von falscher Anwendung oder systematischen Fehlern entstand sind, wenn es wirtschaftlich nachvollziehbar ist, neu zu berechnen. Jedoch kann diese in verschiedenen Formen passieren. Die Verrechnung mit einer Pauschale ist möglich Aber auch die Direktverrechnung von Einnahmen im aktuellen Geschäftsquartal und eine Anpassung auf prozentuale Verteilung ist möglich.[26]

Zusätzlich zum Verteilungsplan A gibt es Ausführungsbestimmungen die, die praktische Anwendung der im Verteilungsplan vorgeschriebenen Punkte vorgibt. Diese sind laut § 8 des Verteilungsplans A anzuwenden.[27]

4.1.1.1   Ausführungsbestimmungen zum Verteilungsplan A

Bei jeder Aufführung oder Sendung muss bei Anmeldung bei der GEMA ein Programm mit abgegeben werden das genau festhält wann, welches Werk wie lange gespielt wurde. Den Bezugberechtigten ist es untersagt diese Programme selber auszufüllen, ausgenommen Berufsmusiker die vertraglich Verpflichtet sind diese Programme auszufüllen, jedoch ist dann hier eine Zweitbestätigung durch den Auftraggeber/Veranstalter notwendig. Programme, die, die Verwertung von U-Musik betreffen, werden ab einer Spieldauer von 30 min, in denen Werke von einer Länge von bis zu drei Minuten enthalten sind, in Nettoeinzelverrechnung verrechnet, die als Bemes-

---

[25] Vgl Gema Jahrbuch 2011, S.294
[26] Vgl Gema Jahrbuch 2011, S.295
[27] Vgl Gema Jahrbuch 2011, S.296

sungsgrundlage die Bruttoeinnahmen der GEMA durch die Veranstaltung erzielt wurden, nimmt.[28]

Die GEMA unterschiedet die Einnahmen durch Programme und Aufführungen in folgende Sparten:[29]

- Veranstaltungen Ernster Musik (E)
- E-Musik-Direktverrechnung (ED)
- (Nettoeinzelverrechnung)
- E-Musik-Aufführungen mittels mechanischer Vorrichtungen (EM)
- (Nettoeinzelverrechnung)
- Bühnenmusik und Bühnen-Aufführungen von vorbestehenden Werken des Kleinen Rechts (BM)
- Musik im Gottesdienst (KI)
- Funktionelle Musikwiedergabe im Gottesdienst (FKI)6)
- Veranstaltungen von Unterhaltungs- und Tanzmusik (U)
- U-Musik-Direktverrechnung (UD)
- (Nettoeinzelverrechnung)
- Varieté-, Kabarett- und Zirkus-Veranstaltungen (VK)
- Unterhaltungsmusikkonzertveranstaltungen (U-K)
- Tonrundfunk (R)
- Kabel-Tonrundfunk Ausland (KRA)
- Fernsehrundfunk (FS)
- Kabel-Fernsehrundfunk Ausland (KFSA)
- Tonfilm (T)
- Tonfilm im Fernsehen (T FS)
- Tonfilm-Direktverrechnung
- (Musik in Wirtschaftsfilmen, Tonbildschauen) (TD)
- Ausland (A)
- Aufführungen mittels mechanischer Vorrichtungen (M)
- Mechanische Musikwiedergabe in Diskotheken (DK)
- Bildtonträger (BT)

Um aber auch die Aufführungen mit einbeziehen zu können, bei denen kein Programm vorliegt, hat die Gema ein statistisches Hochrechnungsverfahren entworfen. Das so genannte PRO-Verfahren. „ Das PRO-Verfahren ermittelt die Aufführungshäufigkeit wie folgt: Zunächst werden die in den verwertbaren Programmen angegebenen Aufführun-

---

[28] Vgl Gema Jahrbuch 2011, S.305
[29] Gema Jahrbuch 2011/2012, S.308

24

gen eines Werkes (genauer: einer Werkversion) gezählt. In einem zweiten Schritt werden die Aufführungszahlen der nicht durch Programme belegten Werkaufführungen hinzugerechnet. Deren Anzahl wird mit Hilfe des sog. PRO-Faktors ermittelt. Anders als das frühere lineare Hochrechnungsverfahren berücksichtigt das PRO-Verfahren nicht allein die Zahl der durch Programme belegten Aufführungen, sondern auch weitere, ebenfalls den Programmen entnommene Umstände wie die Verteilung der Aufführungsorte auf die Verwaltungsbezirke der Beklagten (GEMA-Bezirke) und die Verteilung der Aufführungszeiten auf die Kalendermonate. Im Einzelnen wird der sog. PRO-Faktor wie folgt bestimmt: Aus der Anzahl der Aufführungsorte und der Anzahl der Aufführungszeiten wird zunächst ein Gewichtungsfaktor (Matrix-Kennzahl) gebildet, der mindestens 1 (ein Monat in einem GEMABezirk) und maximal 144 betragen kann (zwölf Monate in zwölf GEMA-Bezirken). Dabei geht die Beklagte auch nach Schließung ihrer Bezirksdirektionen in Düsseldorf und Köln von zwölf Regionen aus. Die Anzahl der Aufführungen einer Werkversion wird mit ihrer jeweiligen Matrix- Kennzahl multipliziert. Diese Hochrechnung wird anschließend durch einen Normierungsfaktor ausgeglichen, da die Anzahl der Aufführungen infolge der Gewichtung rein rechnerisch ansteigt. So wird gegenwärtig entsprechend dem rechnerischen Anstieg der Aufführungszahl auf das 59-fache die zuvor ermittelte Aufführungszahl durch 59 geteilt. Das wechselnde Verhältnis der durch Programme belegten Aufführungen zu den nicht belegten Aufführungen (derzeit 1/7 zu 6/7) wird dadurch berücksichtigt, dass die gewichtete Hochrechnung nur auf die nicht durch Programme belegten Aufführungen angewandt wird. Die Multiplikation der Matrix-Kennzahl mit dem Normierungsfaktor sowie mit dem Anteil der nicht durch Programme belegten Aufführungen ergibt nach Hinzurechnung des Anteils der durch Programme belegten Aufführungen den PRO- Faktor. Die Zahl aller Aufführungen eines Werkes wird durch Multiplikation der Anzahl der durch Programme belegten Aufführungen mit dem PRO-Faktor ermittelt."[30]

„Die Abrechnungsabteilungen haben für jedes Werk in E- und U-Veranstaltungen die ermittelten Aufführungen mit den im Verteilungsplan festgelegten Verrechnungsschlüsseln zu multiplizieren. Bei der Ermittlung der Matrixkennzahl eines Werkes, für das es neben der Originalfassung eine oder mehrere Umgestaltungen (Werkversionen, z. B. Bearbeitungen und Übersetzungen) gibt, sind die Matrix-Punkte aller festgestellten Aufführungen aller Fassungen (d. h. Originalfassung und Umgestaltungen) für die Komponisten, Textdichter, Verlage und Subverlage dieses Werkes für Aufführungen ab 2001 bis zur höchsten Matrixkennzahl zu kumulieren."[31]

---

[30] Gema Jahresbericht 2011/2012, S.305/306
[31] Gema Jahrbuch 2011/2012, S.307

4.1.2 Verteilungsplan B Mechanisches Vervielfältigungsrecht

Der Verteilungsplan B und die dazugehörigen Bestimmungen setzten fest, welche Beteiligungen und Verteilungen stattfinden, wenn Gebühren für die mechanische Vervielfältigung von Tonträgern jeglicher Art anfallen.[32] Nach Verteilungsplan B sind diejenigen bezugsberechtigt die Komponisten, Texter, Verleger und Bearbeiter, deren Werke ordnungsgemäß angemeldet sind und deren Werk im laufenden Geschäftsjahr zur Aufführung gebracht werden.[33] In Gegensatz zum Verteilungsplan A ist der Textdichteranteil auch dann zu entrichten, wenn ein Werk mit Textanteil ohne den Text vervielfältigt wird.[34]

Laut Verteilungsplan B, § 3 Absatz 5, werden die Lizenzeinnahmen für das GEMA Repertoire ohne Rücksicht darauf, wer das mechanische Vervielfältigungsrecht eingebracht hat, wie in Abb.4 Verteilt.

Tabelle 4: Werk-Beiteilung Tonträger Verteilungsplan B, In Anlehnung an GEMA Geschäftsbericht 2011/2012, S. 332

	Bezugberechtigte	Industreitonträger	Rundfunk	Bildtonträger
A.	Komponist	100%	100%	100%
B.	Komponist	50%	50%	50%
	Textdichter	50%	50%	50%
C.	Komponist	60%	60%	60%
	Verleger	40%	40%	40%
D.	Komponist	30%	30%	30%
	Textdichter	30%	30%	30%
	Verleger	40%	40%	40%
E.	Komponist (frei)	-	30%	-
	Textdichter	60%	30%	60%
	Verleger	40%	40%	40%
F.	Komponist	60%	30%	60%
	Textdichter (frei)	-	30%	-
	Verleger	40%	40%	40%
G.	Komponist	100%	70%	100%
	Textdichter (frei)	-	30%	-
H.	Komponist (frei)	-	50%	-
	Textdichter	100%	50%	100%
I.	Komponist (frei)	-	-	-

---

[32] Vgl Gema Jahrbuch 2011, S.330
[33] Vgl Gema Jahrbuch 2011, S.330
[34] Vgl Gema Jahrbuch 2011, S.330

	Bearbeiter	37,60%	30%	30%
	Textdichter	25%	30%	30%
	Verleger	37,50%	40%	40%
K.	Komponist (frei)	-	-	-
	Bearbeiter	25%	30%	30%
	Textdichter (Neutext)	37,50%	30%	30%
	Verleger	37,50%	40%	40%
L.	Komponist (frei)	-	-	-
	Bearbeiter	50%	50%	50%
	Verleger	50%	50%	50%
M.	Komponist (frei)	-	-	-
	Bearbeiter	60%	60%	60%
	Verleger	40%	40%	40%
N.	Komponist (frei)	-	-	-
	Bearbeiter	100%	100%	100%

Zusätzlich zum Verteilungsplan B gibt es Ausführungsbestimmungen die, die praktische Anwendung der im Verteilungsplan vorgeschriebenen Punkte vorgibt. Diese sind laut § 6 des Verteilungsplans B anzuwenden.[35]

4.1.2.1 Ausführungsbestimmungen zum Verteilungsplan B

Es muss eine Anmeldung eines noch nicht registrierten Werkes erfolgen, wenn dieses zur mechanischen Vervielfältigung, Rundfunk- oder Fernsehsendungen mittels Ton- und Bildtonträger genutzt werden soll. Bei Werken die verlegt werden sollen, muss diese Anmeldung, stellvertretend für die Urheber, durch den Verleger erfolgen.[36] Die Erfassung der Werke bei Industrietonträgern erfolgt nach den Grundsätzen des Normalvertrages, also durch die Abgabe einer Werks-Folge des Tonträgers.[37] Im Rundfunk erfolgt diese Erfassung nach den Grundsätzen der Ausführungsbestimmungen des Verteilungsplans A, also durch die Programmabfolge. Für Tonfilme erfolgt diese durch die vertragliche Regelung des Filmproduzenten bzw. durch die Vergabe von Tonherstellungsrechten, die separat mit den Bezugsberechtigten vereinbart werden.[38]

Die Verteilung von Gema-Einnahmen durch die Tonträgerherstellung, die nicht durch Programme belegbar sind, werden zu 75% zugunsten der Bezugsberechtigten nach

---

[35] Vgl Gema Jahrbuch 2011/2012, S. 334
[36] Vgl Gema Jahrbuch 2011/2012, S. 335
[37] Vgl Gema Jahrbuch 2011/2012, S. 336
[38] Vgl Gema Jahrbuch 2011/2012, S. 339

der Rundfunkverteilung vergeben und 25% nach der Verteilung durch Industrietonträger.[39]

4.1.3 Vorläufiger Verteilungsplan C Nutzungsbereich Online

„Die Verteilung von Erträgen aus dem Nutzungsbereich Online erfolgt im Wege der Nettoeinzelverrechnung und richtet sich – soweit es der Nettoeinzelverrechnung nicht widerspricht – nach den Allgemeinen Grundsätzen und den Ausführungsbestimmungen zu den Verteilungsplänen A. für das Aufführungs- und Senderecht und B. für das mechanische Vervielfältigungsrecht. Eine Nettoeinzelverrechnung wird nicht durchgeführt, soweit für Einnahmen aus Online-Nutzungen keine Programme erhältlich sind oder die Kosten für eine Verteilung im Wege der Nettoeinzelverrechnung außer Verhältnis zu den Einnahmen stünden. In solchen Fällen erfolgt die Verteilung in den Nutzungsbereichen Music-on-Demand und Ruftonmelodien als Zuschlag in den Sparten des jeweiligen Nutzungsbereichs. Die Erträge im Nutzungsbereich Internetradio werden zugunsten der Sparten des Tonrundfunks gemäß den Verteilungsplänen A und B verrechnet. In den Nutzungsbereichen Internet-TV, Websites und Cinema-/Video-on-Demand werden die Erträge zugunsten der Sparten des Fernsehrundfunks gemäß den Verteilungsplänen A und B verrechnet. Für das Filmherstellungsrecht erfolgt die Verteilung in den genannten Fällen zugunsten der mechanischen Vervielfältigungsrechte der Sparte des Fernsehrundfunks gemäß dem Verteilungsplan B."[40]

---

[39] Vgl Gema Jahrbuch 2011/2012, S. 341
[40] Gema Jahrbuch 2011/2012, S. 345

Die Verteilung von Erträgen erfolgt wie in Abbildung 5 dargestellt.

Nutzungsbereich		Aufteilung der (Netto-)Erträge und Verteilung nach Sparten			
		Verteilungsplan A. für das Aufführungs- und Senderecht		Verteilungsplan B. für das mechanische Vervielfältigungsrecht	
		%	Sparten	%	Sparten
1.	Internetradio		I-R		I-R-VR
1.1.	Internetradio (normales)				
1.2.	Internetradio (interaktives) Auswahlmöglichkeit nach Musikrichtungen	66,67		33,33	
1.3.	Mehrkanalradio (Multichannel, neue Programme)				
2.	Internet-TV	66,67	I-FS, I-TFS	33,33	I-FS-VR

Nutzungsbereich		Aufteilung der (Netto-)Erträge und Verteilung nach Sparten			
		Verteilungsplan A. für das Aufführungs- und Senderecht		Verteilungsplan B. für das mechanische Vervielfältigungsrecht	
		%	Sparten	%	Sparten
3.	Websites (Streaming)		WEB		WEB-VR
3.1.	Websites für Präsentationszwecke				
3.1.1.	Gewerbliche Websites				
3.1.2.	Private Websites				
3.1.3.	Websites von nicht gewerblichen Institutionen				
3.2.	Websites mit E-Commerce	66,67		33,33	
3.2.1.	Websites mit E-Commerce zur Unterstützung des Vertriebs von Musik				
3.2.2.	Websites mit E-Commerce zur Unterstützung des Vertriebs von Waren und Dienstleistungen aller Art (ausgen. Musik)				
4.	Music-on-Demand		MOD		MOD-VR
4.1.	– zum bloßen Anhören (Streaming)	66,67		33,33	
4.2.	– zum Herunterladen (Downloading)	33,33		66,67	
5.	Cinema-/Video-on-Demand		VOD		VOD-VR
5.1.	– zum bloßen Anhören (Streaming)	66,67		33,33	
5.2.	– zum Herunterladen (Downloading)	33,33		66,67	
6.	Ruftonmelodien		KMOD		KMOD-VR
	Zuspielung auf Handy	33,33		66,67	

Abbildung 5: Verteilung der Sparten im Nutzungsbereich Online, In Anlehnung an den Gema Geschäftsbericht 2011/2012

4.2 Der Verteilungsschlüssel

Der so genannte Verteilungsschlüssel der GEMA lautet in seiner richtigen Bezeichnung EDV-Verrechnungsschlüssel für die Punktbewertung. Diesem Verrechnungsschlüssel sind mehrere Tabellen anhängig, die im Detail angeben, welche Art von Werken, welche Bepunktung bekommen und gibt zusätzlich den EDV-Schlüssl mit an der für die EDV-Verrechnung bzw. Kumulierung benötigt wird. Also wird hier die Wertigkeit der verschiedenen Werke, innerhalb einer Sparte vorgenommen. Die Punktespanne in der E-Musik geht von 12 bis 2600 Punkten. So erhält z.b. ein Werk bis zwei Minuten eine Bepunktung von 12 , ein Werk von zwei bis vier Minuten erhält 24 Punkte. Ein Instrumentalwerk das z.B. vierstimmig ist und länger als 60 Minuten an Dauer hat, hat einen Punktwert von 1200. Zusätzlich wird auch der Punktwert für den Rundfunk mit angegeben. Die Bedeutung dieser Punkte wird in 4.3.1 und 4.3.2 erläutert. In der U-Musik ist die Verteilung der Punkte analog zu der im E-Bereich. Eine Übersicht, über die Punkteverteilungen, die durch den Werksausschuss festgelegt werden, ist im Anhang 5 dargestellt.[41] Somit ist der Verrechnungsschlüssel der Teil der Verteilungsstruktur, der die unterschiedlichen Werte der einzelnen Werke bestimmt.

4.3 Ausschüttungsstruktur

Der Verteilungsplan der Gema sieht drei Ausschüttungsformen vor. Die individuelle Verteilung, die kollektive Verrechnung und die Verrechnung durch Zuschläge. Im weiteren Verlauf werden nur auf die ersten beiden Formen eingegangen. Die Verteilung durch Zuschläge würde den Umfang eines einzelnen Kapitels in Anspruch nehmen und ist für die Verdeutlichung der Verteilung von Online-Lizenzeinnahmen nicht relevant, deshalb wird hierauf verzichtet.

4.3.1 Individuelle Verteilung

Die individuelle Verteilung von Lizenzerträgen an die Berechtigten ist die Transparenteste, da diese immer in einem direkten Zusammenhang mit dem Veranstaltungs-Inkasso steht. Hier werden die Einnahmen durch die Veranstaltung, nach Abzug der 10%-Verwaltungskosten durch die Gema, direkt an die Berechtigten, wie in Abbildung 6 dargestellt, ausgeschüttet.[42] Bespiel für die Direktverrechnung, die zu einer Nettoeinzelverrechnung führt sind Tonträgerrechnungen in der Sparte PHONO VR.[43]

---

[41] vgl. Gema Jahrbuch 2011/2012, S. 350-363
[42] vgl. Gema Wissen, Ausgabe März 2010, S.56
[43] vgl. Gema Wissen, Ausgabe März 2010, S.57

Abbildung 6: Direktverrechnung, Gema Wissen, Ausgabe März 2010

Eine Verteilung für einen Tonträger mit zwölf Werken aus den Gema-Repertoire, die jeweils textiert und verlegt sind und alle Werke unter 3 Minuten sind und eine Auflage von 5.000 Exemplare gepresst wird und die GEMA ein Inkasso von 5.000€ erziehlt, könnte nach Verteilungsplan B wie folgt aussehen:

6.000€ / 5.000 Exemplare = 1,20€/Exemplar;

1,20€ / 12 Punkte (da das Werk unter drei Minuten, somit 12 Punkte Schlüssel laut Verteilungsplan) = 0,10€ je Tonträger;

somit würde der Komponist für 30% Anteile also 0,03€, der Texter für 30% Anteile auch 0,03€ und der Verleger für 40% Anteile 0,04€ pro Tonträger erhalten.

4.3.2 Kollektive Verrechnung

Diese Verrechnungsart basiert auf der Grundlage von Punkt- und Minutenwerten. Sie ist somit unabhängig vom direkten Inkasso, z.B. bei Konzerten. Bildlich gesehen, werden die Einnahmen aus U- und E-Musik oder Rundfunk in einen Topf geschmissen. Die Verteilung erfolgt dann auf Kriterien wie Aufführungshäufigkeit, Sendesauer in Minuten, Senderkoeffizienten oder Besetzung und Gattung des Werks. Aufgrund des einheitlichen Minuten- und Punktwertes, den die Gema Jährlich errechnet, hat diese Verteilungsform ein sogenanntes Solidaritätsprinzip: Berechtigte deren Werke z.B. auf großen Konzerten mit großem Inkasso gespielt werden unterstützen diejenigen, deren Werke auf kleineren Konzerten, mit meist kleineren Inkasso genutzt werden. Jedoch hat dieses Abrechnungsverfahren eine Grenze. Hat eine Veranstaltung oder Meldung bei der GEMA ein Inkasso das 750€ übersteigt, so wird dieses, via der Direkt- bzw. Nettoeinzelverrechnung verteilt.[44]

---

[44] vgl. Gema Wissen, Ausgabe März 2010, S.57

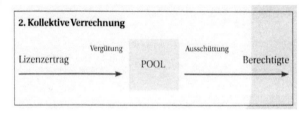

Abbildung 7: Kollektive Verrechnung innerhalb der Gema, gema Wissen, Ausgabe März 2010

Die Berechnung einer Ausschüttung für die Aufführungen eines Werkes, mit 70 Aufführungen in einem Geschäftsjahr, im Bereich U-Musik, sieht z.b. wie folgt aus:

Ausschüttung Werk = Anteile Bezugsberechtigter x Punktwert x Pro-Abrechnungsbasis

Ausschüttung Werk = 4/12 (Komponist) x 0,4391€ (Wert für das Jahr 2010)[45] x (70 Aufführungen x 0,9981(Pro-Faktor bei 70 Aufführungen) + 70 Aufführungen)

Ausschüttung pro Werk und Bezugsberechtigten = 20.47€.

Der Komponist würde somit 20,47€, für die Aufführung seines Werkes in einem Geschäftsjahr bekommen.

Die Berechnung einer Ausschüttung eines dreiminütigen textierten Werkes, für einen bezugsberechtigten Komponisten welches im Rundfunk (z.B. SWR3) gespielt wurde, sieht laut Verteilungsplan A wie folgt aus:

Ausschüttung Werk = Sendedauer x Punktbewertung x Senderkoeffizient x Minuten-wert x Bezugs-Anteile

Ausschüttung Werk = 3 min x 1 x 1 x 2,7581€[46] x 5/12

Ausschüttung Werk = 3,45€

Somit würde der Komponist, in diesem Geschäftsjahr für eine Sendung seines Werkes auf SWR3 eine Ausschüttung von 3,45€ erhalten.

---

[45] Wert telefonisch erfragt bei der GEMA München am 8.7.12
[46] Wert telefonisch erfragt bei der GEMA München am 8.7.12

4.4 Daten und Fakten in Zahlen

4.4.1 Zahlen der Gema

Im Geschäftsjahr 2010 erwirtschaftete die Gema, 863 Millionen Euro und hat davon 735,9 Millionen Euro an seine Mitglieder und Rechtsnachfolger ausgeschüttet. Zu beachten ist, dass bei dieser Summe auch die Ausschüttungen der Mitglieder, ausländischer Verwertungsgesellschaften und Sub-Verlage enthalten sind. Der wichtigste Anteil wird durch die Bezirksdirektionen und dem damit verbundenen Inkasso aus Aufführungen erwirtschaftet. Hier konnten die Bezirksdirektionen mit 299,1 Millionen Euro, den größten Anteil erwirtschaften.[47]

Zweitgrößter Anteil sind die Erträge aus Rundfunk und Fernsehen. Hier betrugen die Erlöse für 2010 261,6 Millionen Euro. Hier ist z.B. auch eine Nachzahlung in Höhe von 30 Millionen Euro – aus Rechtsstreitigkeiten der letzten Jahre mit Kabelanbietern – enthalten.[48]

Drittgrößter Anteil der erwirtschafteten Gesamtsumme sind die Einnahmen aus dem Inkasso bei Ton- und Bildtonträgern und Datenträgern mit 172,5 Millionen Euro, wobei 140,2 Millionen Euro nur durch Tonträger erzielt wurden.[49]

Im Online-Bereich hat die Gema 13,3 Millionen Euro erzielt. Dieser Betrag ist erschrecken niedrig und nicht akzeptabel, wenn man beachtet, welche Nutzung von lizenziertem Content gegenübersteht.[50]

---

[47] vgl. Gema Jahrbuch 2011/2012, S.34
[48] vgl. Gema Jahrbuch 2011/2012, S.34
[49] vgl. Gema Jahrbuch 2011/2012, S.35
[50] vgl. Gema Jahrbuch 2011/2012, S.35

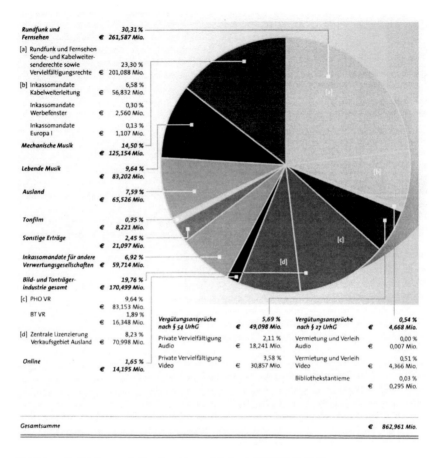

Rundfunk und Fernsehen	30,31 % € 261,587 Mio.					
[a] Rundfunk und Fernsehen Sende- und Kabelweiter-senderechte sowie Vervielfältigungsrechte	23,30 % € 201,088 Mio.					
[b] Inkassomandate Kabelweiterleitung	6,58 % € 56,832 Mio.					
Inkassomandate Werbefenster	0,30 % € 2,560 Mio.					
Inkassomandate Europa I	0,13 % € 1,107 Mio.					
Mechanische Musik	14,50 % € 125,154 Mio.					
Lebende Musik	9,64 % € 83,202 Mio.					
Ausland	7,59 % € 65,526 Mio.					
Tonfilm	0,95 % € 8,221 Mio.					
Sonstige Erträge	2,45 % € 21,097 Mio.					
Inkassomandate für andere Verwertungsgesellschaften	6,92 % € 59,714 Mio.					
Bild- und Tonträger-industrie gesamt	19,76 % € 170,499 Mio.					
[c] PHO VR	9,64 % € 83,153 Mio.					
BT VR	1,89 % € 16,348 Mio.	Vergütungsansprüche nach § 54 UrhG	5,69 % € 49,098 Mio.	Vergütungsansprüche nach § 27 UrhG	0,54 % € 4,668 Mio.	
[d] Zentrale Lizenzierung Verkaufsgebiet Ausland	8,23 % € 70,998 Mio.	Private Vervielfältigung Audio	2,11 % € 18,241 Mio.	Vermietung und Verleih Audio	0,00 % € 0,007 Mio.	
Online	1,65 % € 14,195 Mio.	Private Vervielfältigung Video	3,58 % € 30,857 Mio.	Vermietung und Verleih Video	0,51 % € 4,366 Mio.	
				Bibliothekstantieme	0,03 % € 0,295 Mio.	
Gesamtsumme					€ 862,961 Mio.	

Abbildung 8: Erträge nach Sparten, Gema Jahrbuch 2011/2012, S.45

Wenn man wie in Abbildung 8 dargestellt, den Ertrag von Online mit 14,195 Millionen Euro und dem der Sparte PHO VR, die, die Vervielfältigung von Tonträger definiert, mit einer Höhe von 83,153 Millionen Euro vergleicht, erkennt man, dass das Ertrags- und Nutzungsverhalten in keiner Relation zueinandersteht. Warum genau, wird im nächsten Unterkapitel 4.3.2 erläutert.

Bezüglich der Aufwendungen, also Kosten, die, die Gema von den Bezügen der Berechtigten abzieht, die auch immer wieder in der Kritik stehen, sind in Abbildung 9 zu erkennen, wie sich diese Aufwendungen zusammensetzten.

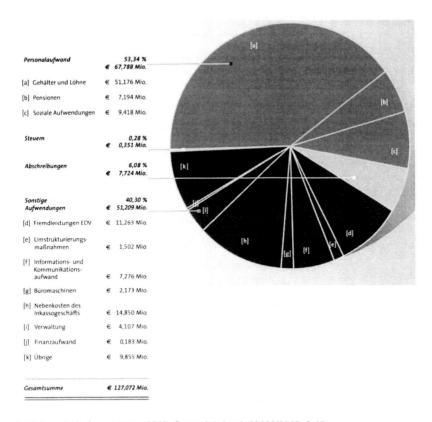

Personalaufwand		53,34 % € 67,788 Mio.
[a] Gehälter und Löhne	€ 51,176 Mio.
[b] Pensionen	€ 7,194 Mio.
[c] Soziale Aufwendungen	€ 9,418 Mio.
Steuern		0,28 % € 0,351 Mio.
Abschreibungen		6,08 % € 7,724 Mio.
Sonstige Aufwendungen		40,30 % € 51,209 Mio.
[d] Fremdleistungen EDV	€ 11,263 Mio.
[e] Umstrukturierungs- maßnahmen	€ 1,502 Mio.
[f] Informations- und Kommunikations- aufwand	€ 7,276 Mio.
[g] Büromaschinen	€ 2,173 Mio.
[h] Nebenkosten des Inkassogeschäfts	€ 14,850 Mio.
[i] Verwaltung	€ 4,107 Mio.
[j] Finanzaufwand	€ 0,183 Mio.
[k] Übrige	€ 9,855 Mio.
Gesamtsumme	€ 127,072 Mio.

Abbildung 9: Aufwendungen 2010, Gema Jahrbuch 20122/2012, S.47

Um den Personalaufwand zu decken, musste die Gema 67,788 Millionen Euro erzielen, was mehr als 50% der gesamten Aufwendungen ausmacht. Hieran kann man den personalintensiven Apparat der Gema erkennen. Aber auch die 11,263 Millionen Euro an EDV Fremdleistung, zeigen welche technische Struktur hinter dem Verwertungsaufwand steht.[51]

Besonders zu erwähnen, in Ergänzung zu Abbildung 2, sind die sozialen und kulturellen Aufwendungen:

„Für das Geschäftsjahr 2010 wurden insgesamt 44,9 Mio. (Vorjahr: 61,7 Mio. €) für kulturelle und soziale Zwecke zur Ausschüttung bereitgestellt, die sich zur Hälfte, nämlich 27,3 Mio. € (Vorjahr: 29,0 Mio. €), aus dem 10 %-Abzug und zur anderen Hälfte aus Zinserträgen, Verwaltungsgebühren und sonstigen unverteilbaren Erträgen des Geschäftsjahres 2009 zusammensetzten. Gemäß § 1 Ziff. 4a) des Verteilungs-

---

[51] vgl. Abbildung 9

plans haben Aufsichtsrat und Vorstand die von der Sozialkasse angeforderten Beträge in Höhe von 7,3 Mio. € (Vorjahr: 7,2 Mio. €) bereitgestellt. Von dem verbleibenden Betrag in Höhe von 37,6 Mio. € (Vorjahr: 54,5 Mio. €) wurden 11,3 Mio. € (Vorjahr: 16,4 Mio. €) dem Wertungsverfahren in der Sparte E, 22,1 Mio. € (Vorjahr: 32,0 Mio. €) dem Wertungsverfahren in der Sparte U, 21,6 Mio. € (Vorjahr: 22,4 Mio. €) dem Schätzungsverfahren der Bearbeiter und 22,6 Mio. € (Vorjahr: 3,7 Mio. €) der Alterssicherung zur Verfügung gestellt."[52]

4.4.2 Die Zahlen des Bundesverband Musikindustrie e.V.

Da der Bundesverband selbst kein Inkasso durchführt und sonst auch keine Einnahmen aus Verwertung erzielt, können keine Zahlen im direkten Vergleich herangezogen werden. Jedoch erhebt die GfK, für den BVMI jährlich, verschiedene Kennzahlen und veröffentlicht diese in verschiedenen Publikationen, wie z.b. der DNC-Studie oder dem Bericht Musikindustrie in Zahlen 2010.

So hat z.b. die GfK in ihrer Studie zu Digitalen Onlinenutzung, in einer Befragung unter 10.000 Personen, repräsentativ für 63,7 Millionen Deutsche ab 10 Jahren, innerhalb der GfK Media Scope, herausgefunden, dass 2010, ca. 414 Millionen Musik-Einzeltracks, davon 185 Millionen illegal, von 10,7 Millionen Menschen heruntergeladen wurden. Bei den Musik-Alben ist die Nutzung geringer, hier wurden 62 Millionen Alben, davon 46 illegal, von ca. 6,3 Millionen Personen heruntergeladen.[53] Es ist auch zu erwähnen, dass 32% aller Personen, die 2010, Musik heruntergeladen haben, dabei kostenpflichtige Plattformen genutzt haben. 30% sind durch Videostreaming, z.B. durch MyVideo, genutzt worden. 12% der Musik-Nutzung erfolgte durch Streamin-Portale für Filme wie kino.to. Ca. 7% der Nutzer haben das durch Angebote von Sharehostern getan.[54] Auch zu beachten ist, dass rund 3,4 Millionen Personen, im Jahr 2010, Musik von Internetradios aufgenommen haben, ohne dafür Gebühren bezahlt zu haben.[55] Ebenso haben 14.6% der Nutzer, Musik aus Internetradios und Musikvideos abgespeichert.[56]

Der Bericht Musikindustrie in Zahlen 2010 gibt an, dass 2010, durch den physischen und digitalen Musikverkauf, 1.489 Millionen Euro erwirtschaftet wurden. Davon sind 1.285 Millionen Euro durch physische Verkäufe erzielt worden. Im Gegensatz dazu wurden durch physische Verkäufe bei der Gema, ein Inkasso von 170,499 Millionen Euro erzielt wurden, was einen Anteil von 11,45 % ausmacht. Betrachtet man den

---

[52] Gema Jahrebuch 2011/2012, S.49
[53] vgl. DNC Studie 2011, S.14-15
[54] vgl. DNC-Studie, S. 17
[55] vgl. DNC-Studie, S. 30
[56] vgl. DNC-Studie, S. 32

digitalen Bereich, so ist hier ein Umsatz von 204 Millionen Euro erzielt worden, wovon 14,195 Millionen an die Gema entfallen sind, was einen Anteil von 6,96% ergibt. Somit ist zu erkennen, dass zwischen digitalen und physischen Verkäufen ein latenter unterschied besteht, wenn man es in Bezug zu den Abgaben an die Gema sieht. Man kann also feststellen, dass die Abgabe an die Urheber, bei digitalen Verkäufen um fast 40% geringer ist als bei physischen Verkäufen.[57]

Wenn man die Verteilung der Umsatzanteile durch verschiedene Angebotsformen wie Download-Singletracks oder Bundels, sowie Downloads auf Mobilen Endgeräten betrachtet, ist zu erkennen: 44,4% der digitalen Umsätze werden durch Download-Bundles auf dem PC erzielt. Knapp 30% durch Single-Downloads auf PCs. 7,1% werden durch Angebote wie Napster, Musicload Nonstop etc. erreicht. Der werbefinanzierte Streamingservice hat einen Anteil von 7%. Die restlichen Prozentpunkte verteilen sich gleichmäßig auf Mobile Ringtones, Mobile real Tracks und sonstigem Umsatz im digitalen Bereich.[58]

Die weiteren Nutzungszahlen, die ohne Bezug zur Online-Verwertung stehen, sind für diese Arbeit nicht weiter relevant.

---

[57] vgl. Musikindustrie in Zahlen 2010, S.12-13
[58] vgl. Musikindustrie in Zahlen 2010, S.14

5 Experteninterview

Um Entwicklungen und aktuelle Zustände innerhalb der Branche auch empirisch Beurteilen und Bewerten zu können, bedarf es einer differenzierten Erhebung von Fakten, die in diesem Zusammenhang durch ein Experteninterview am sinnvollsten erschien. Somit kann auch eine detaillierte Beschreibung, Analyse und Interpretation gewährleistet werden.[59] Durch die komplexe Struktur, die das Verwertungsrecht von Musik mit sich bringt und dem damit vorausgesetzten Vorwissen, das essenziell ist, wurden Experteninterviews mit Akteuren innerhalb der Branche, die in ihrem täglichen Arbeitsaufkommen in verschiedenster Form mit dem Urheberrecht und der damit verbundenen Verwertung von Musik zutun haben, durchgeführt. Ziel war es, eine Einschätzung der aktuellen Rechtslage und der Rechtewahrnehmung zu erhalten. Zusätzlich standen der Tenor und Meinungen innerhalb der Branche und ihren einzelnen Feldern wie Verlagswesen, Künstlermanagement, aber auch die jeweiligen Verwertungsbereiche selber, im Fokus der Experteninterviews. Somit kann in Verbindung mit dem gesicherten Wissen das die Experten mitbringen, eine qualitative Erhebung erfolgen.[60] Als zweiter Teil der Expertenbefragung war es herauszufinden, wie die Einschätzung der Experten bezüglich, sich neu entwickelnder Modelle ist und inwieweit sie richtungweisende Empfehlungen einer Modellentwicklung geben könnten, um auch so die eigene Modellentwicklung in dieser Arbeit zu unterstützen.

5.1 Experten

Um möglichst alle Seiten der agierenden Akteure innerhalb des Verwertungssystems mit einbeziehen zu können, ist die Wahl der Experteninterviews auf vier Personen gefallen, die langjährige Tätigkeiten innerhalb der Musikindustrie nachgehen und im Bereich der Verwertung tätig sind.

Frau Dr. Stefanie Brum, Rechtsanwältin für Urheberrecht, besitzt eine eigene Anwaltskanzlei mit Sitz in Stuttgart und hat sich auf verschiedene Rechtsgebiete, mit Bezug auf die Kreativbranche, wie z.B. auf Urheberrecht, Medienrecht oder Künstlersozialversicherungsrecht spezialisiert. Mittlerweile geht sie neben ihrer Tätigkeit als Anwältin auch verschieden Lehrtätigkeiten als Dozentin für Medien- und Urheberrecht, u.a an der Hochschule für Medien Stuttgart, Macromedia Hochschule für Medien und Kommunikation Stuttgart, Hochschule für Gestaltung Schwäbisch Gmünd und Akademie der Bildenden Künste in Stuttgart nach. Des Weiteren hält sie verschiedene

---

[59] Vgl. Mikos, Wegner; Qualitative Medienforschung; S. 268
[60] Vgl. Mikos, Wegner; Qualitative Medienforschung; S. 269

Fachvorträge am Popbüro Stuttgart das in seiner Funktion als Nachwuchsförderungs-Institution als äußerst wichtig für viele Künstler gilt.[61]

Um auch die Aspekte der Online-Verwertung bei unbekannten Künstlern oder Nachwuchsmusikern zu beleuchten, wurde ein Experteninterview mit **Peter James,** in seiner Funktion als Geschäftsführers des Popbüros Stuttgart, durchgeführt. Peter James ist gebürtiger Engländer. Er war im Vorstand des deutschen Musikexportbüros GermanSounds in Berlin, einer gemeinwirtschaftlichen Initiative der deutschen Musikwirtschaft, die den Musikstandort Deutschland bewirbt und Auslandsmärkte erschließt. Des Weiteren war er als Geschäftsführer des Vereins RockCity Hamburg e. V. tätig. Dort vernetzte er Musiker, Musikverlage, Labels und Veranstalter in der Hansestadt und organisierte Projekte der Nachwuchsförderung. Z.Zt ist er u.a auch Vorstand des Branchenverband VUT- Verband unabhängiger Tonträgerhersteller.[62]

Dr. Tilo Gerlach, ist seit 2001 Geschäftsführer der Gesellschaft zur Verwertung von Leistungsschutzrechten mbH sowie Lehrbeauftragter der Humboldt-Universität Berlin. Der promovierte Jurist war von 1993 bis 1995 in Berlin und Washington Referendar sowie Wissenschaftlicher Mitarbeiter am Institut für Wirtschaftsrecht der Humboldt-Universität. Von 1996 bis 2001 war Tilo Gerlach Justitiar der GVL, seit 2006 ist er Rechtsanwalt. Er ist außerdem Präsident der Europäischen Dachorganisation der Verwertungsgesellschaften für ausübende Künstler AEPO-ARTIS und Sekretär der internationalen Dachorganisation der Verwertungsgesellschaft für ausübende Künstler SCAPR.[63] Somit ist Herr Gerlach als Akteur der innerhalb der Verwertungsstrukturen einer Verwertungsgesellschaft als Experte unerlässlich.

Als vierter Experten wurde **Michael Menges** ausgewählt. Er ist tätig als Künstlermanager, Konzertveranstalter, Tonträgerproduzent, Musikverleger und freier Dozent im Musikbusiness. Herr Menges war von 1997 - 2004 für die Programmplanung im städtischen Kulturzentrum Alte Feuerwache Mannheim und von 2005 – 2010 als örtlicher Veranstalter für die Programmgestaltung im Capitol Mannheim tätig. Darüber hinaus hat Michael Menges zahlreiche Tourneen, für z.B. SARAH KUTTNER - Lesereise, JULIA NEIGEL - Stimme mit Flügeln, DIETER HALLERVORDEN - 50 Jähriges Bühnenjubiläum, im Gebiet Deutschland, Schweiz und Österreich organisiert. Als Musikverleger konnte, Michael Menges Musikverlag, aktuell den Titel "Call out the sun" des Komponisten DANIEL STOYANOV auf dem Album "Changes" von ROMAN LOB, der deutschen Vertretung auf dem Eurovision Song

---

[61] Eigene Angaben Stefanie Brum
[62] Eigene Angaben Peter James
[63] Eigene Angaben Dr. Tilo Gerlach

Contest 2012, platzieren. Ende April 2012 befand sich das Album auf Platz 9 der Media Control Album Charts. Auch konnte M. M. Musikverlag für den Künstler CRIS COSMO die Teilnahme am Bundesvision Song Contest 2012 von Stefan Raab ermöglichen.[64]

5.2 Die Fragen des Interviews

Die Experteninterviews wurden alle vier persönlich durchgeführt und aufgenommen. Die Einzelnen Interviews mit den Antworten sind im Anhang zu finden. Folgende Fragen wurden allen drei Experten einheitlich gestellt:

1. Vertritt ihrer Meinung nach die GEMA denn überhaupt noch die Interessen der einzelnen Künstler?
2. Ist ihrer Meinung nach die Erhöhung bzw. Veränderung der Tarife im Jahre 2013 gerechtfertigt und wieso?
3. Sind die Verteilungspläne A und B überhaupt noch zeitgemäß und sollte Verteilungsplan C nicht eigenständig stehen und nicht als Mischung aus den Plänen A und B bestehen?
4. Gibt es für die digitale Verwertung vl. ein besseres Verteilungssystem?
5. Ist die Berechnung mit PRO-Punkten innerhalb der GEMA gerechtfertigt oder sollte diese geändert werden?
6. Was wäre evtl. ein Ansatz zur besseren Verteilung von Gebühren in Hinsicht auf die Bedürfnisse der Künstler?
7. Sollte die Verwertung von Musik prinzipiell anders stattfinden? Stichwort Kulturflatrate?
8. Sehe sie Bedarf in der Änderung oder Ergänzung im Urheberrecht?
9. Können Nutzungsrechte und LSR überhaupt noch gewahrt werden im digitalen Umfeld? Und sollte dies vl. geändert werden?
10. Haben sie schon von C3S gehört und was ist ihre Meinung dazu?

5.3 Ergebnisse der Interviews

Um eine Gliederung der Ergebnisse zu erhalten, wurden die jeweiligen Fragen der vier Interviews miteinander Verglichen, um so einen Trend bzw. Tenor der Experten zu erhalten. Es wurde versucht, ein gebündeltes Ergebnis aus allen vier Interviews zu bilden. Deshalb wurde auch auf die direkte Zitierung möglichst verzichtet, um auch hier keine Verzerrung in Richtung eines Experten zu erzeugen. Alle Formulierungen und Ergebnisse beziehen sich ausschließlich auf die vier Experteninterviews.

---

[64] Eigene Angaben Michael Menges

5.3.1 Die Gema als Institution und ihre Daseinsberechtigung

In Bezug auf die Gema sind sich alle vier Experten sicher, dass die Gema im Grundsatz die Interessen der Künstler bzw. der Urheber noch wahrnimmt. Das liegt alleine schon in der Struktur der Satzung die durch das Urheberrechtsgesetzt und das Urheberrechtswahrnehmungsgesetz, geregelt und reglementiert ist und auch durch dem Wahrnehmungszwang den die Gema hat, von selbst erklärt. Frau Brum erläuterte dies auch gut, in dem sie ihre Erfahrung formulierte, dass die Interessen der Künstler dann vertreten sind, wenn der Künstler nachvollziehen kann, warum und wie er sein Geld bekommt. Also ist auch hier das Stichwort Transparenz passend. Denn diese fehlende Transparenz ist auch immer wieder Diskussionspunkt in der öffentlichen Debatte.[65] Aber auch die Tatsache, dass der Apparat der Gema nötig ist um die immense Flut an Nutzung zu überwachen, stellt diese Grundsatzfrage völlig abseits.[66]

Bezüglich der Tariferhöhung gehen die Expertenmeinungen auseinander. Hier ist interessant zu beobachten, dass Herr Menges, der auch als Veranstalter auftritt, gegen diese Erhöhung der Gebühren ist, da die Preisspirale sowieso schon oben angekommen wäre. Aber auch die Vereinheitlichung aller Bereiche ist äußerst ungerecht. Es wird nicht mehr unterschieden ob Diskothek, Open-Air-Veranstaltung oder Hallenkonzert. Es ist nur noch die Veranstaltungsortgröße und der Eintrittspreis relevant. Es könnte auch vermutet werden, dass die Gema durch die Erhöhungen im Live-Bereich versucht die Einbrüche im Vervielfältigungsrecht zu kompensieren.[67] Interessant ist die Sichtweise von Herrn Gerlach und Herrn James, die beide den Verlauf seitens der Tarifgegner bzw. der anderen Tarifparteien bemängeln. So hat der Deutsche Hotel- und Gaststättenverband seit einem Jahr vehement versucht den Dialog zu vermeiden und ist schlussendlich ganz vom Diskussionstisch entschwunden. Jedoch sind alle, außer Herrn Menges, positiv gegenüber der Tariferhöhung gestimmt. Bezüglich der Gema sind sich aber alle einig, dass ohne die Gema eine Verwertung in diesem Umfang nicht funktionieren würde.

5.3.2 Die Gema und die Verwertung im digitalen Umfeld

Hier ist festzustellen, dass selbst die Experten kein genaues Detailwissen zu den einzelnen Faktoren und Vorgehensweisen der Verteilungspläne und deren Ausführungsbestimmungen besitzen. Es besteht jedoch Einigkeit des hingehend, dass die Verteilungsstruktur innerhalb der Gema Einzelgerechter werden muss und die Formalie

---

[65] vgl. Interview S. Brum, S.1
[66] vgl. Interview T.Gerlach, S.2-3
[67] vgl. Interview M.Menges, S.1

vereinfacht werden muss, um so mehr Transparenz und Nachvollziehbarkeit zu erhalten, wiederum die Diskussion innerhalb der Mitglieder entschärfen könnte.[68]

Es sind sich alle Experten einig, wenn es um die Frage der Durchsetzung der Rechte geht. Hier bemängeln alle, dass vor allem das Unrechtsbewusstsein der Nutzer im digitalen Umfeld fehlt.[69] Durch die rasante technische Entwicklung und die damit einhergehende Verzögerung der Anpassungen der Distributionsmodelle der Akteure, hat klar dazu geführt, dass neue Geschäftsmodelle von Internetakteuren wie Google oder andere Anbieter entstanden sind, deren Nutzung selbstverständlich erscheint.[70] Problem hierbei ist, diese Modelle bauen darauf auf, dass geschützter Content der durch private Nutzung in Umlauf gebracht wird, kommerziell Verwertet wird. Das erkennt man an Youtube. Hier werden Videos die urheberrechtliche Geschütz sind oftmals auch Leistungsschutzrechten unterliegen, in der Anzeigeoberfläche mit Werbebannern oder kurzen Werbesequenzen versehen.[71] Dieses Modell hat sich seither zu einer sehr lukrativen Möglichkeit der Verwertung entwickelt. Problem hierbei ist, dass kaum Gelder der Erlöse bei den bezugsberechtigten Urhebern oder Künstlern ankommen.[72]

Als Ansatz zur Verbesserung der Verteilung in Online-Bereich ist vorwiegend die Erhöhung der Konsumdaten wie Nutzungshäufigkeiten, Reichweiten und Gebührenniveau als Faktoren genannt worden.[73] Die Grundlage der Verwertung sollte sich auf diese Parametern stützen und nicht auf Strukturen der Verwertung durch haptische Güter. Es sollte also Forderungen in Richtung der Provider geben diese Daten freizugeben, wie es Herr James mit der Untermahlung der Feststellung dieser Thematik durch das jüngste BGH-Urteil im Rechtsstreit der Gema und Youtube erwähnte.[74]

5.3.3 Der PRO-Faktor und die Verteilung an die einzelnen Künstler

Alle Tendenzen der Experten diesbezüglich gehen dahin, dass der PRO-Faktor klar versucht die erfolgsbezogene Ausschüttung möglichst gerecht zu verteilen. Es konnte bei allen der plausible Zusammenhang zu der Aufwiegung, der nicht durch Programme belegbaren Ausschüttung durch den Pro-Faktor hergestellt werden. Es sei auch moralisch akzeptabel, demjenigen mehr von der Gesamtverteilungssumme durch die kollektive Verteilung zu zusprechen als dem, der weniger genutzte Werke als Bezugs-

[68] vgl. Interview S. Brum, S.1
[69] vgl. Interview T.Gerlach, S.1
[70] vgl. Interview P.James, S.1
[71] vgl. Interview M.Menges, S.1
[72] vgl. Interview T.Gerlach, S.2
[73] vgl. Interview S.Brum, S.2
[74] vgl. Interview P.James, S.2

berechtigter zur Verwertung freigibt.[75]Aber auch der Aufwand, der für diese Art von Verteilung aufgebracht werden muss, könnte contra Pro-Faktor sprechen.[76] Der Pro-Faktor hält auch das Solidaritätsprinzip, das bei der kollektiven Verrechnung zum Tragen kommt in einem Gleichgewicht und sorgt für eine Verteilung die Leistungsorientiert stattfindet.[77]

5.3.4 Anforderungen an die Verteilung im digitalen Geschäftsfeld

Auf die Frage hin ob eine Kulturflatrate als zukunftsfähig erachtet wird und ob diese Variante überhaupt in Betracht gezogen werden sollte, haben alle Experten äußerst ablehnend reagiert und dies auch argumentiert. Am negativsten ist die Tatsache, dass die Urheber ein Stück weit enteignet werden. Da hier Kunst im Wert pauschalisiert wird und auch auf die Verfügbarkeit keinerlei Einfluss mehr genommen werden kann.[78] Denn nach Modellen, wie sie immer wieder in der Politik diskutiert werden, wird gesagt, dass der Konsument einen Pauschalbetrag X bezahlt und dann für eine gewisse Zeit frei über den Content, in unbegrenzter Menge verfügen, kann. So mit würde ein ganzer Industriezweig pauschalisiert werden.[79] Es wäre für den Künstler kaum möglich seine Sachen zu refinanzieren oder gewinnbringend zu veräußern. Damit wäre ein ganzes Geschäftsmodell nicht mehr legitim.[80] Es müsste dann Institutionen, die in ihrer Struktur noch größer als die Gema aufgestellt sind, gegründet werden, die dann eine Regulierung des Wertes von Kunstprodukten vornimmt und diese verbindlich einordnet.[81] Eine Pauschalisierung wäre wenn im Bereich der Provider denkbar, in dem sie wie die Gerätehersteller eine Art Pauschalabgabe für die Nutzung erbringen.[82]

Im Bezug auf das Urheberrecht äußerten sich alle Experten dahin gehend, dass es völlig zeitgemäß ist und auch ausreichend um die Rechte des Urhebers im digitalen Umfeld zu schützen. Lediglich Frau Brum würde sich eine Vereinfachung der Schranken um UrhG bezogen auf wissenschaftliche Exemplare, da hier die Regelungen völlig kompliziert und nicht praxisfähig seien.[83] Herr Gerlach betonte hier auch nochmals, dass vor allem die Umsetzung des UrhG in Deutschland mangelhaft sei und in anderen Ländern vehementer geschehe.[84] Auch Herr Menges machte das wie folgt deutlich: „Das Urheberrecht ist eigentlich gut so, wie es ist. Das Problem liegt vielmehr an der Dreistigkeit, diverser Welt-Companies wie Youtube bzw. Google, die der Auffassung

---

[75] vgl. Interview P.James, S.3
[76] vgl. Interview P.James, S.3
[77] vgl. Interview P.James, S.3
[78] vgl. Interview S.Brum, S.4
[79] vgl. Interview P.James, S.4
[80] vgl. Interview M.Menges S.3
[81] vgl. Interview S.Brum, S.4
[82] vgl. Interview P.James, S.4
[83] vgl. Interview S.Brum, S.4
[84] vgl. Interview T.Gerlach S.3

sind sie können die Rechte anderer Menschen nutzen und müssen nichts dafür bezahlen. Aber dann parallel Millionen oder Milliarden umsetzten."[85]

Primär sollte die Rechteverwertung detaillierter vorgenommen werden, um so möglichst alle Rechte im Bezug auf den Urheber zu schützen. Unternehmen die mit Geschäftsmodellen arbeiten die auf der Nutzung Dritter beruhen sollten verpflichtet werden die Nutzungshäufigkeit preiszugeben. So kann auch transparenter und Gerechter eine Gebührenauflage stattfinden, die eine angemessene Vergütung der Urheber garantieren könnte.[86]

5.3.5 Creative Common Lizenzen als Alternative

Creative Commons ist für die Experten kein zukunftsfähiges Modell. Es ist prinzipiell die Frage, ob diese Art von Verwertungsmodell praxisfähig ist.[87] So gesehen geben diese Lizenzen lediglich den Nutzungsbereich an, der entweder frei verfügbar oder nicht ist und ob eine kommerzielle Nutzung gestattet ist. Jedoch wird dadurch kein transparentes Angebot der Werke die zur Verwertung stehen dargestellt, da hier keine Verwertung durch eine Verwertungsgesellschaft erfolgt, sondern diese individuell mit den Rechteinhabern erfolgt.[88] Aber auch die Frage, ob für diese Art von Lizenzen überhaupt ein Markt vorhanden ist oder entstehen kann, ist völlig unklar. Jedoch sollte bei einer kommerziellen Nutzung dieser Lizenzen, eine Verwertungsgesellschaft diese Wahrnehmung übernehmen, da diese die dementsprechende Stellung zu Preisgestaltung besitzt.[89]

5.4   Resultat der Experteninterviews

Resümierend aus den Experteninterviews kann man sagen, dass die Hauptprobleme in der Kontrolle der Nutzung im digitalen Bereich und die Umsetzung des geltenden Rechts liegen. Zum einen stellt sich das Unrechtsbewusstsein der Rezipienten als problematisch heraus, was aber der unzureichenden Aufklärung durch Urheber und Verwertungsgesellschaften zurückzuführen ist. Zum anderen ist die fehlende Nachvollziehbarkeit der Nutzung, in den Geschäftsmodellen wie Youtube oder die der Sharehostern, als Kernproblem zu erkennen. Für die mittel- und langfristige Problemlösung sollte ein Model zu Verwertung gefunden werden das in erster Linie die Einzellfallgerechtigkeit unterstützt, jedoch das Solidaritätsprinzip beibehält. Zusätzlich wäre es z.b. für die Gema empfehlenswert, wenn sie mehr PR-Arbeit in Hinblick auf die

---

[85] Interview M.Menges S.3
[86] vgl. Interview P.James, S.4
[87] vgl. Interview S.Brum, S.5
[88] vgl. Interview P.James, S.4
[89] vgl. Interview T.Gerlach, S.3

44

Aufklärung und Verdeutlichung der Verwertungsstrukturen in Deutschland legt und das wenn möglich in Kollaborationen mir anderen Verbänden wie dem BVMI, VUT, GVL oder der Initiative Musik. So kann in die Debatte um das Urheberrecht und die Vergütung von Urhebern wesentlich entschärft werden.

6 Lösungsansatz und Strukturmodell

In diesem Kapitel sollen alle Ergebnisse der Recherche und der Experteninterviews zu einer Lösung zusammengeführt werde. Ziel ist es, aus den gewonnen Erkenntnissen, die Strukturen der Verwertung und Verteilungen von Gebühren und Tantiemen im Online-Bereich anzupassen.

Aufgrund der Recherche innerhalb des Gema-Jahrbuchs, hat sich klar herauskristallisiert, dass das Verwertungssystem der Gema als legitim anzusehen ist, jedoch Änderungsbedarf in der Verwertung von Online-Content von Nöten ist. So ist z.B. die Verteilung der Erlöse im Online-Bereich in ihrer Struktur, analog zur Verteilung der Pläne A und B gedacht. Diese Vorgehensweise hat sich als falsch bzw. als nicht Urhebergerecht erwiesen. Grund ist hier vor allem, die pauschalisierte Verwertung aller einzelnen Kanäle wie On-Demand-Dienste, Internet-Radios, Streams, Video-Streaming etc. Hier unterscheidet der Verteilungsplan C lediglich, ob Content gespeichert werden kann oder nicht. Wenn er gespeichert werden kann fallen 66,67& an das mechanische Vervielfältigungsrecht, somit an Verteilungsplan B und 33,33% an Verteilungsplan A. Kann der Content nicht gespeichert werden so fallen 66,67% dem Sende- und Aufführungsrecht zu, somit an Verteilungsplan A und 33,33% an Verteilungsplan B. Diese doch sehr statische Regelung, die keinerlei Einzelnutzungsbezug besitzt, ist in der Häufigkeit, in der digitale Inhalte genutzt werden nicht hinnehmbar und völlig bezugslos. Aber primär die Verteilung der Gebühren nach dem kollektiven Verrechnungsverfahren ist sehr fragwürdig. Es kann kein genauer Bezug zu den einzelnen Werken hergestellt werden. Weder in welcher Form oder in welchem Zeitraum ein gewisser Content genutzt wurde.

Um eine Verteilung vorzunehmen, die aus nutzungsbasierten Grundlagen stattfindet, müssen Nutzungsdaten vorhanden sein. Hier wären wir beim zweiten Kernproblem im Bezug auf die Verwertung im Online-Bereich. Plattformen wie Youtube oder die der Sharehostern sind nicht bereit ihre Nutzungsdaten in Bezug auf Häufigkeit, Dauer und Nutzungsart bekannt zu geben oder den Verwertungsgesellschaften zur Verfügung zu stellen. Ohne diese Nutzungsdaten könne auch die Verwertungsgesellschaften keinerlei Bezug zur Nutzung herstellen. Lediglich Downloadportale zahlen ihre Abgaben nutzungsbezogen, da hier klar nachweisbar ist, welches Werk wie oft heruntergeladen wurde. Diese Daten werden von itunes oder Amazon weitergegeben. Um hier eine Verbesserung erzielen zu können, stellt sich die Grundsatzfrage wie diese Daten erhoben werden können.

Als dritte Säule zur besseren Verteilung von Nutzungsgebühren besteht starker Nachholbedarf bei der Aufklärung von Online-Nutzung und der damit verbundenen Lizenznutzung, beim Rezipienten. Wie schon durch die Experteninterviews festegestellt wurde, ist durch die rasante technische Entwicklung und dem Web 2.0, kein Unrechtsbewusstsein für die Rechtsverstöße im Urheberrecht entstanden. Die Nutzung von Videoportalen und Sharehostern sowie das Aufzeichnen von Internetradios wird als völlig normal angesehen und auch praktiziert. Hier ist eine massive Aufklärung vonseiten der Urheber aber auch der Gema von Nöten.

Die oben beschriebenen Kernprobleme und deren Lösungsansätze werden in den nachfolgenden Unterkapiteln genauer erläutert und mit konkreten Lösungsvorschlägen versehen.

6.1 Nutzungsbasierte Verteilung im Bereich Online

Wie schon beschrieben, ist vor allem die kollektive Verteilung der angefallen Gebühren aus dem Online-Bereich unzureichend. Um dem entgegenzustehen, ist eine Verteilung die nutzungsbasiert erfolgt, am plausibelsten. Hierfür werden aber die einzelnen Nutzungsdaten benötigt. Man nehme an, diese Daten stünden zur Verfügung, also welches Werk durch welchen Kanal wie oft von wem genutzt wurde. Diese drei Parameter würden für eine nutzungsbasierte Zuteilung genügen.

Anhand dieser Parameter wäre es möglich, die Sparten wie in Abbildung 5 aufgeführt, selektiert zu behandeln. Wenn man also aufgrund der Nutzung bestimmen könnte, durch welchen Kanal ein Werk genutzt wurde, könnte analog, so wie in den Verteilungsplänen A und B, zwischen den Sparten unterschieden werden. Vorteil hier wäre eine grundlegende Unterscheidung des Nutzungswertes. Da die Reichweite eines kleinen regionalen Portals nicht so groß ist, wie die eines global agierenden Unternehmens. Eine Streamingplattform hat mehr Nutzer als eine kleine Internetradio-Station. Es wäre also möglich, klar zu unterscheiden, ob ein Werk aufgrund aktiver, inaktiver oder interaktiver Nutzung rezipiert wurde und ob eine Nutzung rein privater Natur oder im Hintergrund einer kommerziellen Nutzung erfolgte. Zusätzlich ist es denkbar, eine Punktwertverteilung einzubringen oder einen Sparten-Koeffizienten einsetzten, der eine Unterscheidung wie in der Rundfunk- und Fernseher-Nutzung vornimmt. Hier wird auch zwischen öffentlich-rechtlichen und privaten Sendern unterscheiden. Wenn man diesen Punkt der Nutzung als Grundlage zur Verteilung nimmt, wäre es möglich, in Verbindung mit dem Punktwert und einem Koeffizienten der dem Nutzungskanal zugeschrieben ist, eine nutzungs- und einzelfallgerechte Verteilung an die Bezugsberechtigten vorzunehmen. Diese würde dann auf dem Prinzip der Verteilung nach

Verteilungsplan A und der kollektiven Verrechnung erfolgen. So käme auch das Solidaritätsprinzip im Bereich Online zum tragen.

Eine zweite Möglichkeit wäre, anhand der Nutzungsdaten, auch die einzelne Nutzungshäufigkeit festzustellen und dann nach dieser, eine Verteilung vorzunehmen. Es bestünde dann die Möglichkeit, die Verteilung der Erlöse je nach Sparte und Häufigkeit der Nutzung vorzunehmen. Also je mehr Klicks in einer bestimmten Sparte, desto mehr Vergütung. Hier ist es aber schwierig eine Grundgesamtheit der Verteilungssumme festzustellen, da diese dann minutiös nach Sparten und Nutzungsarten selektiert werden müsste, was den Verwaltungsaufwand steigern würde. Diese Vorgehensweise würde sich aber auch speziell für die kommerzielle Nutzung von Online-Content eignen. Grundlage zur Verteilung wäre die Erlössumme der Gema, in der jeweiligen Sparte, die durch kommerzielle Nutzung entsteht. Diese wird dann nur unter den Werken einer Nutzungssparte aufgeteilt, in der eine kommerzielle Nutzung erfolgte. Hintergrund hier ist, dass Musik ein immer größerer Bestandteil von Werbung und der Emotionalisierung von Produkten und Brandings wird. Hier würde man also dem Urheber genüge tun, in dem man den Erfolg einer Werbemaßnahme, der oft auch durch den musikalischen Bestandteil entsteht, mit in die Gebührenverwertung einbringt.

6.1.1 Strukturmodell zur nicht-kommerziellen Nutzung

In Abbildung 10 ist die strukturelle Verteilung nochmals dargestellt. Es findet also eine Verteilung der Gesamtverteilungssumme im Bereich Online, auf der Basis der Nutzungshäufigkeit und des Spartenkoeffizienten, auf die einzelnen Nutzungsparten statt. Diese Verteilungssumme der jeweiligen Sparte wird hier dann nur noch aufgrund der Nutzungshäufigkeit, auf die einzelnen Werke verteilt. Diese Summe wird dann an die jeweiligen bezugsberechtigten Komponisten, Texter, Bearbeiter oder Verleger ausgeschüttet. Die Verteilung der Anteile der Bezugberechtigten sollte wie in Verteilungsplan A und B erfolgen.

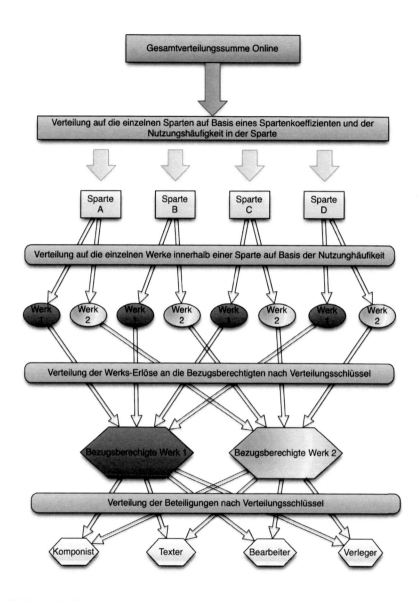

Abbildung 10: Neu entworfenes Strukturmodell zur Verteilung von Online-Erlösen der nicht-kommerziellen Nutzung

49

6.1.2 Strukturmodell zur kommerziellen Nutzung

Abbildung 11 zeigt die Verteilung der Erlöse, bei einer kommerziellen Nutzung eines Werkes. Hier ist der Unterschied im Gegensatz zum Modell in 6.1.1, dass als Grundverteilungssumme nicht die ganze Verteilungssumme in Bereich Online genommen wird, sondern die direkte Nutzungsgebühr, die für die kommerzielle Nutzung des jeweiligen Werkes angefallen ist. Die Verteilung erfolgt direkt an die Bezugsberechtigten. Dadurch wird die Abrechnung einzelfallgerechter und nutzungsbasierter.

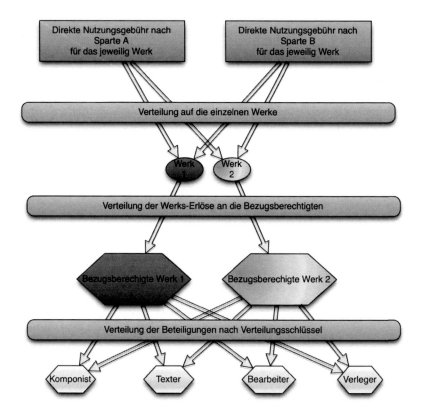

Abbildung 11: Verteilungsstruktur bei kommerzieller Nutzung

6.2 Technische Umsetzung zur Erhebung der Nutzungsdaten

Um eine Verteilung wie in 6.1 beschrieben vorzunehmen, werden differenzierte und zuverlässige Nutzungsdaten benötigt. Diese Erhebung der Daten gestaltet sich in der heutigen technischen Umgebung nicht mehr als unmöglich. So gibt es schon erprobte Verfahren, die mittlerweile als Standard eingesetzt werden. So z.B. das Monitoring-Verfahren der GVL oder der Einsatz von Labelcodes oder dem International Standart Recording Code.

6.2.1 Monitoring-Verfahren

Die GVL wendet schon seit mehreren Jahren ein Monitoring-Verfahren zur Erfassung von Nutzung von Tonträgern an. Durch Software-gestützte Erfassung können so einzelne Songs von CDs oder anderen Speichermedien registriert werden. Die Software erkennt welcher Titel wie oft und wie lang gespielt wurde. Die Zuordnung erfolgt mittels des Labelcodes und des ISRC. Dieses Verfahren kommt primär in Diskotheken und beim Rundfunk zum Einsatz. Durch den Einsatz der Software kann eine genaue Berechnung erfolgen. Dieses Verfahren könnte im gesamten Online-Bereich der jeweiligen Anbieter und Providern eingesetzt werden. So könnten Sparten wie Internet-Radio oder Streaming, erfasst und kontrolliert werden.

6.2.2 Internationale Verwendung des ISRC

Um aber alle Sparten abzudecken, ist es notwendig ein standardisiertes Verfahren anzuwenden. Hier bring der ISRC die Lösung. Seit mehreren Jahren wird dieser Code, der in die digitale Audiosequenz eingearbeitet ist, verwendet. Hier wäre es also möglich, diesen Code in allen, je veröffentlichte Titel und Werke, die in digitaler Form vorliegen, einzuarbeiten und zu verteilen. Es wäre also unabdingbar, dass dieser ISRC, global zum Einsatz kommt, sodass gewährleistet werden kann, dass kein Werk oder Titel bei einer Nutzung, nicht erfasst wird. Für die Nutzung würde das bedeuten, dass alle Studios, Labels und Produktionsfirmen garantieren müssten, dass dieser Code einheitlich verwendet wird. Wenn also jedes Audiofile mit diesem Code versehen wäre, könnte in Verbindung mit entsprechender Software jegliche Art von Nutzung erfasst und registriert werden. Somit hätten auf der einen Seite die Anbieter und Betreiber zuverlässige Nutzungsdaten, auf der anderen Seite wäre somit eine nutzungsbasierte Abrechnung mit den Verwertungsgesellschaften möglich. Problem hierbei ist die Tatsache, dass dann alle Verwertungsgesellschaften mit diesem Erfassungs- und Verteilungssystem arbeiten müssten. Hier wäre es also wichtig, dass die IFPI diese Art von Verwertungsverfahren mit ihren Mitgliedern einführen müsste, was auch real umsetzbar wäre, da dieser Code mehr und mehr in den verschiedensten Ländern zum Einsatz kommt.[90] Aber auch die Verwertungsgesellschaften müssten sich an diese nutzungsbasierte Abrechnung anpassen.

6.3   Entschärfung der öffentlichen Debatte

Um aber nicht nur die Verteilung von Online-Erlösen innerhalb der Gema zu regeln, sondern diese auch auf ein Niveau zu bringen, das der aktuellen Nutzungshäufigkeit im digitalen Bereich entspricht, ist es essenziell die Bedeutung von Urheberrechten und der entsprechenden Vergütung, auch im Online-Bereich, zu verdeutlichen. Die Gema hat bereits begonnen durch Plakatierung wieder etwas Verständnis für die Verwertung von Musik zu schaffen. Dies sollte aber prinzipiell durch alle Organisationen und Institutionen geschehen. Es ist notwendig klar zu machen, das durch digitalen Content ein ganzes Geschäftsmodell entstanden ist, das sehr viel an Kapital umsetzt. Beispiele wurden ja schon in den vorhergehenden Kapiteln genannt. Dieses Bewusstsein für digitale Nutzung muss in allen Kanälen dem Rezipienten verdeutlicht werden. Somit entgegnet man auch der suggerierten kostenlosen Nutzung von Musik, wie das von Google oder den Piraten hervorgerufen wird. Das Stichwort heißt hier also „Wertschätzung" für Musik und Kunst. Vorwiegend sollte die Debatte um die Urheber und deren Rechte, des hingehend gelenkt werden, dass nicht das bestehende Recht verändert werden muss, sondern vielmehr eine Umsetzung dieses Rechts erfolgen sollte. Also nicht der Urheber, der ein Recht sowieso schon besitzt, muss sich erklären, warum er dieses einfordert, sonder die, die Aufgrund der Nutzung von Rechten Dritter profitieren, müssen sich erklären, warum sie das können, ohne Lizenzgebühren zu bezahlen. Denn die aktuelle Debatte ist völlig in Richtung Erklärungspflicht der Urheber verzerrt. Es muss das Unrechtsbewusstsein der Rezipienten geweckt werden. Eine Nutzung von digitalem Content darf nicht mehr als selbstständig und normal erachtet werden und das auch noch völlig unentgeltlich.

---

[90] vgl. IFPI Digital Music Report

7 Ausblick und Schlusswort

Durch die immer größer werdende Debatte um die Urheber und deren Rechte wird immer mehr die Daseinsberechtigung einer Kulturindustrie im digitalen Umfeld infrage gestellt. Durch Veränderungen der Tarife innerhalb der Gema aber auch durch die Durchsetzung von Rechten durch Klagen an Gereichten in ihren verschiedensten Instanzen könnte diese Debatte negative Folgen für alle Kulturschaffenden mit sich ziehen.

Die Politik könnte tatsächlich in Betracht ziehen, das Urheberrecht in Richtung der Konsumenten hin zu lockern, um so den Schutz der Urheber zu senken. Das wiederum könne fatale Folgen für einen ganzen Industriezweig haben, in dem Arbeitsplätze wegfallen, da weniger Musik produziert werden kann, da weniger Geld und somit weniger Produktionsmittel zur Verfügung stehen. Deutschland könnte damit auch seine Stellung als drittgrößter Musikmarkt der Welt verlieren. Gerade die hervorragenden Produktionsmöglichkeiten in Deutschland veranlassen immer wieder verschiedenste Künstler aus dem Ausland ihre Alben, Singles und Titel in Deutschland aufzunehmen und zu produzieren. Aber auch Unternehmen wie Neumann oder Harman könnten Absatzmöglichkeiten verlieren. Das wiederum könnte gravierende Folgen für die technologische Entwicklung in der Tontechnik haben. Die Politik sollte hier eine deutliche Signalmeldung geben, dass die Urheberrechte geschützt bleiben sollten. Denn durch die Urheberrechte war es überhaupt möglich Größen wie Schiller, Goethe oder Bach hervorzubringen.

Was die Entwicklung innerhalb der Gema angeht, so ist hier dem Mitglieder-Newsletter zu entnehmen, dass die Gema die Verteilung der nicht-belegbaren Programme durch das PRO-Verfahren, jetzt durch das sogenannte INKA-Verfahren ersetzten möchte. INKA ist die Abkürzung für Inkassobezogne Abrechnung. Es soll hier eine Staffelung entstehen die Einstufungen in 50€ Schritten bis hin zu 500€, einer Wertungskategorien zuordnen. Nach diesen Kategorien wird dann eine kollektive Verwertung der Werke vorgenommen.[91]Die Grenze, ab der die Nettoeinzelverrechnung greift und somit Programmfolgen verpflichtend abgegeben werden müssen, wird von 750€ auf 500€ herabgesenkt. Aber auch die Einführung der neuen Tarife 2013 verschafft der Gema nicht unbedingt mehr Sympathisanten. Jedoch sollte die Gema immer beachten, dass die Bedürfnisse der Mitglieder und nicht die Außenwirkung an erster Stelle stehen. Viele Gegner bzw. Kritiker des Urheberrechts und der Gema vordern eine grundlegende Reformierung der Gema in ihrer strukturellen Organisation und des Urhebergesetztes. Beides ist nicht von Notwendigkeit. Das Urheberrecht könnte eine kleine Nachbes-

---

[91] vgl. https://www.gema.de/nl/062012/mitgliedernews/inka.html

serung gebrauchen, die aber primär nichts mit der Verwertung im Online-Bereich zutun hat, sonder vielmehr das Bibliothekswesen betrifft. Aber auch innerhalb der Gema ist eine „Große Reform" völlig fehl am Platz. Das Hauptaugenmerk sollte auf die Anpassung der Verwertung von Online-Content gelegt werden. Zum einen was die Verteilung der Erlöse aus dem Bereich Online betreffen, zum anderen und das ist noch viel wichtiger, sollte die Gema das geltende Recht vehementer durchsetzten und zusätzlich hier mehr Unterstützung durch Politik und den Rechtsapparat der Exekutiven fordern. Denn, wie bekannt ist und auch in dieser Arbeit erwähnt wurde, sind Urheberrechtsverletzungen in den Köpfen der Menschen nichts Unrechtes und werden legitimiert. Das muss sich grundlegend ändern. Denn die geschützte Kreativität ist das, was Deutschland zum Land der Dichter und Denker gemacht hat.

8 Anhang

Anhang 1: Experteninterview Peter James

Thema:

"Zukunftsorientierte Modellentwicklung für die steigenden Anforderungen an die Verwertung von Musik im Hintergrund der digitalen Mediamorphose"

1. Vertritt ihrer Meinung nach die GEMA denn überhaupt noch die Interessen der einzelnen Künstler?

Man muss mal zurück schauen, wie die Gema gegründet wurde. Komponisten merkten, dass ihre Werke damals verwertet wurden, ihnen aber nichts zugeführt wurde. Die Gema war von Anfang an und ist immer noch, eine Solidargemeinschaft. Denn dem Künstler ist es nicht möglich einzeln festzustellen wann sein Titel gespielt wird und dann noch den Apparat dazu aufzubauen und das kann man auch implizit am Aufruhr zu erkennen, das sie doch effizient genug sind, alle Nutzungen soweit wie Möglich in den Griff zu bekommen. Gerade bei der digitalen Seite, hat es lange einen ungeregelten Bereich gegeben, der Nutzungen, die völlig unentgeltlich stattgefunden haben. Aber auch die Technik-Resistens der Marktführer haben ja auch dazu geführt. Wenn man da,s mit den Amerikanern vergleich, die sind das gar nicht gewohnt regelmäßig Einnahmen aus ihren Rechten zu erhalten. Sofern glaub ich ja, sie vertreten sie noch, aber die Regularien könnten durchaus etwas verdünnt werden. Gerade die Verteilungspläne. Da diese fast schon herrschaftlich über allem stehen.

2. Ist ihrer Meinung nach die Erhöhung bzw. Veränderung der Tarife im Jahre 2013 gerechtfertigt und wieso?

Das ist alles völlig falsch dargestellt worden. Die Gema hat einfach zur Kenntnis genommen, dass die Großdiskotheken enorm zugenommen haben und im Tarifgefüge, die Großen wesentlich besser gestellt wurden als die kleinen Diskotheken, also im Verhältnis haben sie wesentlich weniger abgeführt obwohl sie höheren Input hatten. Deswegen hat die Gema gesag,t wir haben zu viele Tarife und müssen dies ändern. Zweitens baut sich das Tarifsystem so auf, dass die Kleinen entlastet werden, die Mittleren auf dem Niveau bleiben und die Großen mehr einzahlen müssen und das es für alle gemeinsam Transparenter

wird. Sie haben ja auch versucht mit den Verbänden wie der DEHOGA zu spre-
chen und die ist ein Jahr, vehement ausgewichen, hat sich also nicht an den
Tisch gesetzt und dann hat die Gema das getan, wozu sie verpflichtet ist. Sie
hat einen Tarif veröffentlicht, sozusagen als Verhandlungsgrundlage. Nach dem
hiesigen Muster ist es eben so, wenn dieser Tarif von den Parteien nicht akzep-
tiert wird, dann geht man zum Schiedsgericht und lässt sich von dem ein Ge-
genmodell entwerfen, das man dann als neue Tarife einsetzten kann.

3. Sind die Verteilungspläne A und B überhaupt noch zeitgemäß und sollte Verteilungsplan C nicht eigenständig stehen und nicht als Mischung aus den Plänen
   A und B bestehen?

<u>Siehe Frage 4</u>

4. Gibt es für die digitale Verwertung vl. ein besseres Verteilungssystem?

Also erstens besteht die physische Verwertung weiter. Man kann im Digitalen ja
auch sagen, wieso, man kann jegliche Nutzung nachvollziehen und kontrollie-
ren wenn, die, die es nutzen zur Verfügung stellen würden. Aber ein Haupt-
streitpunkt zw. Youtube und Gema, z.b. war die Höhe der Gebühren, aber
auch die Tatsache das sie die Nutzungsdaten freigeben. Und sie haben sich
ganz wesentlich geweigert dies zu tun, das diese Firmen sich nicht reinblicken
lassen wollen, weil es ja neue Geschäftsmodelle sind und sie am Markt etwas
anderes behaupten, als sich im Innenverhältnis tatsächlich abspielt. Also, hier
muss eine Datengrundlage der Nutzung geschafft werden, die in Software ein-
gespielt wird und das muss dann regelmäßig durch verlässliche Daten, von der
Gegenseite praktisch gespiegelt werden. Denn vieles was seither auch schief
gelaufen ist, beruht auf fehlerhaften Angaben der Nutzer. Also auch da, muss
der alte Prozess angepasst werden, muss an die Realität angepasst werden
und meines Erachtens ist es das wie im Bereich Rechtssprechung, bis es da
angepasst ist, ist die Realität wieder ein Stück weiter.

5. Ist die Berechnung mit PRO-Punkten innerhalb der GEMA gerechtfertigt oder
   sollte diese geändert werden?

Lieber das PRO-Verfahren, das besser ist als die lineare Hochrechnung.
Grundsätzlich ist es so, dass meines Wissens nach, die Verwertungsgesell-
schaften versuchen Anhaltspunkte zu finden, dass man die Verteilung da hin-

gegen führt wo eine tatsächliche Nutzung stattgefunden hat. Das man eigent-
lich vermeiden will, das jeder der eine Veröffentlichung hat, erstmal ein biss-
chen was bekommt und dann versucht man das aufzuschichten, das geht nicht,
sondern tatsächlich nur der jenige der eine Wertschöpfung nachweisen kann,
davon etwas erhalten soll. So werden dann aufgrund der Vermutung, dass die-
se Sachen öfter genutzt werden, die s.g. Blackboxes, also Gelder die nicht zu-
ordenbar sind, verteilt. Das möglichst standardisiert. Das ist draußen so ange-
kommen, dass im Grunde nach freiem Muster verteilt wird, wo alles umgeleitet
wird in Richtung Großverdiener. Das ist von der Wahrnehmung her so nicht
richtig. Ehr umgekehrt herum einzusehen ist, das einer der im Keller auf seiner
Heimorgel was spielt, das Fenster aufmacht und sagt jetzt hab ich ne öffentli-
che Aufführung, dafür Geld will. Also es wird ehr versucht das erfolgs- und nut-
zungsorientiert zu machen, was glaub ganz gut ist. Das ist auch ein Maßstab
den alle gegen sich gelten lassen müssten.

6. Was wäre evtl. ein Ansatz zur besseren Verteilung von Gebühren in Hinsicht
   auf die Bedürfnisse der Künstler?

Das geht sicher. Je bessere Nutzungsdaten wir haben des so genauer kann
man abrechnen. Wie ich schon in Frage 4 beantwortet habe. Je Nutzungsba-
sierter das stattfindet, desto ehr entspricht das den Bedürfnissen der Künstler,
wenn man davon ausgeht, dass das Bedürfnis des Künstler lautet, wenn meine
Werke genutzt werden möchte ich angemessen beteiligt werden. Also das Be-
dürfnis des Künstlers kann nicht sein, ich bin Künstler und will deswegen ali-
mentiert werden.

7. Sollte die Verwertung von Musik prinzipiell anders stattfinden? Stichwort Kulturflatrate?

Also diese Kulturflatrate halte ich für eine Chimäre. Wir haben eine Kulturflatra-
te, die nennt sich Sendegebühren. Ich bin aber der Ansicht, dass die Mehrheit
der Bevölkerung nicht glaubt, dass diese Kultuflatrate zu einer angemessen
Wiedergabe von kulturellen Erzeugnissen führt. Es fehlt auch wieder hier das
Nutzungsbasierte. Es ist wieder ein Argument, der Naiven, der Digital Natives,
die ohne längere Erfahrung der Ansicht sind, Musik ist sowas wie ein freies Gut,
es steht unbegrenzt zur Verfügung. Also ich könnte mir wenn dann Vorstellen,
dass eine Flatrate als Nutzungsflatrate von den Providern gezahlt werden könn-
te, die ja sowieso auf die Verbraucher umgelegt wird, weil ja klar ist, dass Nut-

zung stattfindet und das in diesem Kontext dann eine weitergehende Nutzung mit Added Value gemacht wird.

8. Sehe sie Bedarf in der Änderung oder Ergänzung im Urheberrecht?

Also wenn dann die Veränderung der Schutzfristen. Das man sagt, die Urheberechte gelten prinzipiell so und so lange, aber man könnte sie auch mit anderen Laufzeiten vergeben. Prinzipiell ist das Urheberrecht wie das Verwertungsrecht dazu da, das Werke und deren Urheber vor Missbrauch zu schützen, und in der Historie gesehen, auch den Nachfolgern einen Ertrag zu gewährleisten, ob das noch Zeitgemäß ist, ist nicht ganz klar. Diese Beteiligung der Erben in die zweite Generation, wurde gemacht in Zeiten, als es diese sozialen Sicherungssysteme noch nicht gab. Also ehr das immer mehr Ausufernde, das immer mehr Betreibt, ist fraglich. Die Anpassung findet ja auch auf europäischer Ebene statt.

9. Können Nutzungsrechte und LSR überhaupt noch gewahrt werden im digitalen Umfeld? Und sollte dies vl. geändert werden?

Ja sicher. Wie vorhin angeführt, durch bessere Nutzungskontrolle und Dokumentation. Man siehe das BGH Urteil.

10. Haben sie schon von C3S gehört und was ist ihre Meinung dazu?

Wenn da ein Weg gesucht wird, die Creative Common Lizenzen für diejenigen, die dann auf der anderen Seite aber auch in Kauf nehmen das ihre Nutzung nicht so transparent am Markt angeboten werden, dann sollen sie es ausprobieren. Das klingt nach einer guten Idee von denjenigen, die es umgesetzt bekommen möchten. Aber wenn sie sich darauf einlassen, das die anderen zahlen was sie wollen. Die Frage ist, wie lange sie da drin bleiben müssen, wie kommen sie wieder raus, wenn es gut läuft und die Interessen von normalen Verwertungsgesellschaften besser wahrgenommen werden könnten. Weil, man muss bei den Verwertungsgesellschaften eins sagen, dass ist ein Run-Stop-Job, wie man so schön sagt, also jemand der nutzt kann über die Tarife sehr schnell feststellen was es kostet. Es gibt ja das Problem der Verwertungsgesellschaften, das die keinen Berechtigungsvertrag machen können der mit einer Rücktrittsklausel versehen ist, ohne dass ich davon was weis. Also die Teilrücknahme von verschiedenen Nutzungen können ja zurückgenommen werden. Es ist ja die Möglichkeit gegeben, dass wenn jemand nicht zur GEMA will, kann er ja da hingehen. Für mich sag ich pauschal, wenn du im Jahr 20 Auftritte hast die Gema-Pflichtig sind und bist eine vierköpfige Band, dann lohnt es sich.

Ende

Anhang 2: Experteninterview Stefanie Brum

Thema:

"Zukunftsorientierte Modellentwicklung für die steigenden Anforderungen an die Verwertung von Musik im Hintergrund der digitalen Mediamorphose"

1. Vertritt ihrer Meinung nach die GEMA denn überhaupt noch die Interessen der einzelnen Künstler?

Gegenfrage hat sie das jemals getan? Pauschal gefragt würde ich sagen, vertritt sie natürlich die Interessen durch den Wahrnehmungsvertrag und über die Tatsache, dass ich verschiedene Nutzungsrechte einräume. Sinn ist klar, eine Robee Wiliams kann nicht mit jedem Radiosender einen Vertag machen. Vor dem Hintergrund der Massenverwertung ist das toll, ob das jedoch die Interessen der Künstler sind wage ich mal zu bezweifeln, denn die Künstler die ich kenne, sind jetzt auch nicht die super erfolgreichen, die haben von der Gema meistens nichts und die müssen sich ehr überlegen, ab wann sie da Mitglied werden, da sie dort ihre Entscheidungsfreiheit verlieren und das ist ehr ein kleiner Stolperstein für die Kariere eines Künstlers. Wenn ich jetzt mit Ja und Nein antworten müsste, würde ich das mit Nein beantworten.

2. Ist ihrer Meinung nach die Erhöhung bzw. Veränderung der Tarife im Jahre 2013 gerechtfertigt und wieso?

Ich hab versuch mir da genau Infos zu holen. Was nicht einfach war, da durch die Medien diese Informationen gefiltert wiedergegeben werden und ich mir nicht sicher bin ob die Journalisten das verstanden haben. Und die GEMA ist leider nicht fähig abrufbare PDFs online zu stellen. Ich habe also nur die Infos aus der Presse und da war jetzt dieser rießen Aufschrei, das die Gema 10% der Eintrittsgelder möchte und soweit ich das jetzt lesen konnte, war das früher auch eine Beteiligung nach der Größe des Clubs und den Eintrittspreisen bzw. ging es auch darum, wie viele Leute, wie groß, ob Eintrittsgeld erhoben wurde oder nicht und wie hoch und jetzt ist das glaub pauschaler und eintrittsgeldabhängiger gemacht worden. Ich kann jetzt konkret nichts dazu sagen, ich hab ein bisschen das Gefühl, es wird sehr viel Panik gemacht. Man könnt sich ja auch als Clubbetreiber überlegen, ob man den Eintrittspreis ganz weg lässt und die Getränkepreise einfach erhöht, dann bekommt die Gema gar nichts. Also es gibt sicherlich Spielraum für die Betreiber, das zu machen und ob das jetzt wirklich so zielführend ist, dass so fix an den Eintrittspreisen und an der Größe weis ich nicht. Es ist wahrscheinlich das ewige Problem, wie messe ich den Wert von Musik. Ich weis auch nicht wie die Tarifkommission dazu gekommen ist, diesen Tarif zu finden. Schön ist es natürlich immer, ähnlich wie bei Tarifvertragsparteien, man setzt sich mit dem Musiknutzer und dem Musikverwertern an einen Tisch und mal so sammelt. Das setzt aber voraus, dass man sich gegenseitig das zusteht und wenn man das so raus liest, erkennt man, dass das so von oben von der Gema kam und jetzt ist man eben in dem Schlichtungsstreit der ein paar Jahre dauert. Vermutlich ist den Urhebern damit nicht geholfen, sondern haben erstmal schlechte Presse bekommen. Das ist sau blöd.

3. Sind die Verteilungspläne A und B überhaupt noch zeitgemäß und sollte Verteilungsplan C nicht eigenständig stehen und nicht als Mischung aus den Plänen A und B bestehen?

Auch hier ist es so, je differenzierter das ist, so einzelfallgerechter. Aber ganz grob, Vervielfältigung ist ein Recht das der Urheber hat und wenn ich danach aufsplitte, ist es sicherlich ein gerechter Maßstab nach dem man das machen könnte. Vielmehr kann ich dazu auch gar nicht sagen.

4. Gibt es für die digitale Verwertung vl. ein besseres Verteilungssystem?

Ich glaube Digital kann man nachvollziehen. Ob das technisch möglich ist weis ich nicht. Aber dass man es Einzelfall gerechter machen kann, das glaube ich. Ich habe keinen Vorschlag für die Zukunft, es wird mir aber auch zu wenig darüber geredet. Prinzipiell aus Erfahrung wenn ich mit Urhebern zutun habe, ist es für sie ok wenn, sie es nachvollziehen können, finden sie es Gerechter. Sonst sagen sie immer, das Blickt ja keiner.

5. Ist die Berechnung mit PRO-Punkten innerhalb der GEMA gerechtfertigt oder sollte diese geändert werden?

Ich würde hier auch sagen, dass, ein Modell das einzelfallgerechter ist, besser wäre. Was aber auch pro Pro-Verfahren spricht, ist der Verwaltungsaufwand der durch die höhere Individualisierung steigen würde. Es ist ein riesiger Apparat und es wird auch immer geschimpft, dass es soviel kostet. Wenn man es einfacher macht, kostet es auch weniger.

6. Was wäre evtl. ein Ansatz zur besseren Verteilung von Gebühren in Hinsicht auf die Bedürfnisse der Künstler?

Das es nachvollziehbarer wird. Das es einzelfallgerechter wird. Das vl. auch mehr zu Disziplin in der Einzelsongaufstellung aufruft. Das es auch mehr Möglichkeiten über die Codes gibt, es besser nachzuvollziehen. Das liegt glaub auch etwas an der GVL, die ja den Labelcode vergibt und wenn ich ne Eigenproduktion hab, gibt es den nicht, aber es gibt auch schon Vereine die den leihweise vergeben oder der Vertrieb bietet das mit an. Wobei dann wird nicht rückgeführt. Aber es gibt wohl technische Möglichkeiten die Ströme nachzuvollziehen und zurückzuverfolgen. Es ist nur noch etwas komisch verteilt weil der kleine Künstler nicht dran kommt. Es ist nur die Frage, wen will ich unterstützen.

7. Sollte die Verwertung von Musik prinzipiell anders stattfinden? Stichwort Kulturflatrate?

NEIN. NO. Kulturflatrate halte ich für ein Modewort. Kultur klingt gut und Mode klingt gut, man hat nur nicht kapiert worum es geht. Kulturflaterate, soweit ich es verstanden habe, bedeutet es das Künstler enteignetet werden und fremde Leute darüber bestimmen können, was von ihnen ins Netz kommt und andere sich dessen Privatkopien bedienen und das vl. über den Telefonanbieter zahlen. Das sind verschiedene Punkte die schwierig sind. Vor allem die Enteignung der Urheber. Denn Musiker sind die krassesten Künstler. Wenn die auf der Bühne stehen, ist das wie Prostitution. Die ziehen sich nackig aus und kehren ihr innerstes nach außen und zwar vor wildfremden Leuten. Das muss man erstmal bringen. Wenn die das gut machen dann gibt's da auch ein Gefühl zw. Publikum und Künstler. Das heißt, da gibt's eine große Persönlichkeitskomponente.

Was ist negativ daran? Wie kontrolliere ich das. Zahlt jeder? Kann sich das jeder leisten? Wenn das jetzt 40€ kostet, das kann sich nicht jeder leisten. Läuft das dann über Hartz 4? Mit das größte Problem aber ist dann, wie wird das verteilt. Da muss ja jemand kommen, ähnlich wie die Gema nur viel größer und die muss dann festlegen der sagt was Film, Bücher, Musik und Fotos wert sind. Da einfachste dann wäre, dass über Klicks zu verteilen. Dann ist aber die Frage, welcher Klick wie viel wert ist. Und dann hat noch niemand plausibel erklären können wie das gehen soll, wenn man ja schon an der Gema und deren Vertei-

lung etwas bemängelt. Wie soll das denn dann da funktionieren. Also das ist Enteignung der Urheber und das ist eines Kultuvolkes unwürdig.

8. Sehe sie Bedarf in der Änderung oder Ergänzung im Urheberrecht?

Nur ganz wenig. Die Regelungen sind alle da und wenn man sie richtig anwenden würde, gäbe es kein Problem. Was etwas schwierig ist, ist bei den Schranken im wiss. Bereich, die so kompliziert geregelt sind, dass es keiner versteht. Aber man stellt da ein paar Stellschrauben nach. Aber es ist im Prinzip so, es gibt Dinge die sind geschützt und für ihre Nutzung kann man Rechte vergeben und das ist klar geregelt. Von der Grundstruktur ist es genial gelöst. Es ist auch eine Frage des Verständnisses, das Übersetzungs-Problem des Abstrakten ins Habtische. Es geht ja auch um das Unrechtsbewusstsein.

9. Können Nutzungsrechte und LSR überhaupt noch gewahrt werden im digitalen Umfeld? Und sollte dies vl. geändert werden?

Eigentlich gar nicht so schwierig. Man muss es nur verdeutlichen und erklären, dass es diese Rechte gibt. Digital wäre auch die Creative Common Lizenz etwas Gutes. Am Recht muss man nichts ändern. Das Bewusstsein dafür, dass auch der Content im Web 2.0 Eigentum ist und geschützt ist wie im Habtische,n auch das muss gestärkt werden.

10. Haben sie schon von C3S gehört und was ist ihre Meinung dazu?

Prinzipiell ist die Idee gut, dass man Alternativen zur Gema andenkt. Aber wenn man diese freie Variante zulässt, bekommt man ehr Probleme dadurch. Da der Urheber ja schon seine persönlichen Rechte frei gibt. Also ich als Verletzter, muss ja erstmal dem Verletzter die Hand reichen und der kann dann vl. sagen, ok ich lass mich auf dein Spiel ein. Das aber muss genau andersrum sein. Aber als Modellversuch ok, aber nicht zukunftsfähig und als Lösung des Problems.

Ende

Anhang 3: Experteninterview Tilo Gerlach

Thema:

"Zukunftsorientierte Modellentwicklung für die steigenden Anforderungen an die Verwertung von Musik im Hintergrund der digitalen Mediamorphose"

1. Vertritt ihrer Meinung nach die GEMA denn überhaupt noch die Interessen der einzelnen Künstler?

Hiezu möchte ich keine Stellung nehmen.

2. Ist ihrer Meinung nach die Erhöhung bzw. Veränderung der Tarife im Jahre 2013 gerechtfertigt und wieso?

Im groben hat sich ja die Art der Tarife nicht verändert, sondern vielmehr die Preise einfach erhöht, jedoch gerechtfertigt. Denn die Daseinsberechtigung einer Diskothek ist die Musik und das sollte dem entsprechend auch bezahlt werden. Jedoch kann es nicht sein, dass nur die Urheber davon partizipieren, sondern auch die ausübenden Künstler müssen mehr davon erhalten und entsprechend vergütet werden.
Was ebenso verrückt ist, das die GEMA ca. 10 % der Eintrittseinnahmen möchte, sie dann aber die Eintrittspreise verdreifachen, um so die Kosten zu decken. Es klingt immer alles so schön in der Öffentlichkeit jedoch entspricht es einfach nicht den FAKTEN.

3. Sind die Verteilungspläne A und B überhaupt noch zeitgemäß und sollte Verteilungsplan C nicht eigenständig stehen und nicht als Mischung aus den Plänen A und B bestehen?

Hier zu kann ich nichts sagen, da dieser Bereich der sich um die Nutzungsrechte dreht, nicht zu dem der GVL gehört und die Verteilung der GVL anders funktioniert. Etwas mehr Transparenz von Seiten der GEMA, im Sinne von mehr Aufklärung wäre wünschenswert...

4. Gibt es für die digitale Verwertung vl. ein besseres Verteilungssystem?

Für die GVL und deren Künstler ist es egal wie Einnahmen erzielt werden, ob online oder live. Es ist auch egal ob ein Song als Stream gespielt wird oder gedownloadet, der Künstler freut sich darüber, dass ein Stück überhaupt gespielt wird.

5. Ist die Berechnung mit PRO-Punkten innerhalb der GEMA gerechtfertigt oder sollte diese geändert werden?

Hierzu kann ich nichts genaueres sagen, da auch hier die GVL mit anderen Schlüsseln arbeit.

6. Was wäre evtl. ein Ansatz zur besseren Verteilung von Gebühren in Hinsicht auf die Bedürfnisse der Künstler?

Die öffentliche Zugänglichmachung muss besser überwacht werden, denn das ist wie z.b. On-Demand-Stream. Es ist auch so, dass die kollektive Wahrnehmung der LSR nicht geschieht, da dieses die Labels, ob MAJOR ODER INDIE meist selbst machen.

7. Sollte die Verwertung von Musik prinzipiell anders stattfinden? Stichwort Kulturflatrate?

Es ist fast das 100-fache, was ein Künstler an Downloads verkaufen muss, um auch Einnahmen wie bei den Physischen, früher, erzielen zu können. Diese Relation ist völlig unakzeptabel, denn der Aufwand für die Produktion des Werkes ist der gleiche, der Künstler hat vom Vertrieb meist keinerlei Einnahmen und das muss geändert werden. Die Prozente spielen keine Rolle, das Entscheidende ist der einzelne Betrag pro Track im Vergleich zu einer phys. Single. Immer mehr Musik und weniger Bezahlung.

8. Sehe sie Bedarf in der Änderung oder Ergänzung im Urheberrecht?

Die Durchsetzung der Rechte ist bisher recht mager. Man hat gute Erfahrungen mit Warnmodellen gegen illegale Nutzung gemacht und diese sollten weiter ver-

folgt werde. Denn das funktioniert in anderen Ländern auch, es ist nur z.Zt. ge-sellschaftlich, recht wenig anerkannt, denn selbst das jetzt gekippte ACTA-Gesetzt hat einen Status Quo und ist politisch einfach nicht mehr umsetzbar.

Wichtig ist einfach, dass das UrhG zu Anwendung kommt und die diese Dinge anbieten, auch dafür zur Kasse gebeten werden, wie z.b. Youtube. Denn man nehme das Beispiel, dass jemand ein Video eines Künstlers hochläd. Youtube kann dann hier Werbebanner aufschalten und bekommt dafür Werbeeinnahme, von denen, der jenige, der den fremden Content hochgeladen hat, auch noch pro Klick beteiligt ist, der Künstler jedoch bekommt nichts.

Youtube ist ein illegales Angebot. Die Plattformbetreiber müssen in die Verant-wortung gezogen werden.

9. Können Nutzungsrechte und LSR überhaupt noch gewahrt werden im digitalen Umfeld? Und sollte dies vl. geändert werden?

Wir brauchen eine Möglichkeit die Rechtewahrnehmung bzw. deren Einforde-rung, gesetzlich möglich zu machen bzw. müssen die Urheberrechte auch tat-sächlich rechtlich geltend gemacht werden, wie z.b. in der Schweiz, Österreich oder Frankreich...

10. Haben sie schon von C3S gehört und was ist ihre Meinung dazu?

Man muss erstmal sehn ob für Creative Comments ein Markt da ist oder sich noch herausbildet. Die meisten wenden sich ja gegen die kommerzielle Nut-zung. Es gibt kaum ein Künstler der das dafür dann freigibt. Privatleute dürfen das gerne nutzen, doch sobald man damit Geld verdient. Dann will der Künstler darüber nochmals selbst entscheiden, ob er einer kommerz. Verwertung zu-stimmt. Ich halte die GEMA hier für die richtige Gesellschaft um diese Rechte wahrzunehmen.

ENDE

Anhang 4: Experteninterview Michael Menges

Thema:

"Zukunftsorientierte Modellentwicklung für die steigenden Anforderungen an die Verwertung von Musik im Hintergrund der digitalen Mediamorphose"

1. Vertritt ihrer Meinung nach die GEMA denn überhaupt noch die Interessen der einzelnen Künstler?

   Also auf alle Fälle. Das ist mit einem klaren Ja zu beantworten.

2. Ist ihrer Meinung nach die Erhöhung bzw. Veränderung der Tarife im Jahre 2013 gerechtfertigt und wieso?

   Also ich bekomme mit, dass viel Kollegen sich beschweren und da ich selbst in meinem Leben sehr viel Konzerte veranstaltet hab, weis ich sehr wohl, dass die Kostenspirale absolut an der oberen Grenze ist und auch dem Kunden höheren Ticketpreise nicht zumuten kann, also das finde ich durchaus grenzwertig, weil die Gema Tarife in einem Segment erhöht, von dem sie keine Ahnung hat, in der Realität. Also in der Form nicht gerechtfertig, da ja zumal die Gema auch versucht hier die Einbrüche bei den Vervielfältigungsrechten zu kompensieren.

3. Sind die Verteilungspläne A und B überhaupt noch zeitgemäß und sollte Verteilungsplan C nicht eigenständig stehen und nicht als Mischung aus den Plänen A und B bestehen?

   Die Frage fällt mir nicht leicht zu beantworten, obwohl ich mehr darüber wissen müsste als Verleger, im Alttag fehlt mir etwas die Zeit, aber das muss ich dringendst nachholen und mir noch mehr Wissen aneignen. Ich würde gerne diese Frage auslassen, bevor ich mit Halbwissen antworte.

4. Gibt es für die digitale Verwertung vl. ein besseres Verteilungssystem?

   Kann ich so nicht beurteilen, nur so wie es bisher ist, ist es ungenügend.

5. Ist die Berechnung mit PRO-Punkten innerhalb der GEMA gerechtfertigt oder sollte diese geändert werden?

Also ich glaube schon, dass das in Ordnung ist, da mir auch einfach die Alternative fehlen würden, denn ich bekomme ja auch die Realität mit. Es ist für einen Gastronom oder Diskobetreiber, undenkbar und auch nicht möglich, Listen oder Programmfolgen anzufertigen. Mann muss ja auch immer die Realität beachten, bei diesen ganzen Modellen. Aber Musikfolgen von Bands die auf Tour sind, um da Modelle zu entwickeln die realistisch sind, ist anders nicht möglich. Mir fällt da keine Alternative dazu ein. Ich glaube schon, dass es bisher bewährt ist. Es gibt Künstler, die sich darüber beschweren, aber auch genug die davon Leben. Ich habe das in der Realität oft erlebt das auch Künstler selber keine Musikfolgen ausfüllen und dann vom Veranstalter unterschreiben lassen, sich aber dann über die Abrechnung oder zu geringen Tantiemen dann beschweren. Es gibt auch Künstler die sehr dankbar über die GEMA sind wie z.b. Hubert Khaa, der vor 30 Jahren CD verkaufte und aber heute noch die Titel verwertet werden und er somit immer noch einnahmen hat.

6. Was wäre evtl. ein Ansatz zur besseren Verteilung von Gebühren in Hinsicht auf die Bedürfnisse der Künstler?

So wie sie zur Zeit ist, finde ich es in Ordnung. Natürlich kann man immer etwas optimieren, aber im Großen und Ganzen finde ich das so vertretbar.

7. Sollte die Verwertung von Musik prinzipiell anders stattfinden? Stichwort Kulturflatrate?

Also Kulturflatrate ist für mich ein Rotes Tuch, denn das ist eine hochgradige Abwertung von Kulturschaffenden in jeglicher Richtung, also nicht nur der Schaffenden sondern der ganzen Branche, egal wer in der Kette drin steckt. Kunst zu produzieren kostet Geld und man muss den kunst-produzierenden Menschen es ermöglichen, die Sachen zu refinanzieren und gewinnbringend zu verkaufen, ansonsten macht das keinen Sinn, sonst wäre es auch einfach kein Geschäftsmodell mehr. Also mit einer Flatrate habe ich grundsätzlich Probleme, also das man einmal eine Summe X bezahlt und für einen bestimmten Zeitraum, Musik und Kunst einfach konsumieren kann wie man möchte, das finde ich unsozial gegenüber den Urhebern und den Verlagen. Das hat nichts

mit Respekt zu tun. Alles ist optimierbar. Auf der GEMA wird immer drauf rum-
geprügelt aber ich muss immer wieder feststellen, das genug Komponisten und
Texter extrem dankbar für die GEMA sind, weil ohne die GEMA oder das Sys-
tem ihr Leben einfach anders aussehen würde.

8. Sehe sie Bedarf in der Änderung oder Ergänzung im Urheberrecht?

Also ich bin mir nicht ganz sicher ob das Urheberrecht überhaupt das Problem
darstellt. Das Urheberrecht ist eigentlich gut so wie es ist. Das Problem liegt
vielmehr an der Dreistigkeit diverser Welt-Companies wie Youtube bzw.
Google, die der Auffassung sind, sie können die Rechte anderer Menschen
nutzen und müssen nichts dafür bezahlen. Aber dann parallel Millionen oder
Milliarden umsetzten. Das Problem ist ein Problem der Kontroll,e der Wert-
schöpfungskette, dass ein Konsument, wenn er tanzen will, dafür bezahlen
muss. Das ist nach wie vor ein Strukturproblem, das ein Sachgut einfach Geld
kostet, das ist normal, aber bei Dienstleistung gibt es einfach ein Wahrneh-
mungsproblem. Das auf dem Rücken des Urheberrechts auszumachen ist et-
was fraglich. Das Urheberrecht hat die Aufgabe den Urheber zu schützen und
ihn angemessen zu vergüten. Es gibt Menschen die diese Vergütung nicht ge-
währleisten und somit ist der Urheber nicht mehr geschützt.

9. Können Nutzungsrechte und LSR überhaupt noch gewahrt werden im digitalen
   Umfeld? Und sollte dies vl. geändert werden?

Also vermutlich, ganz realistisch, ist das nicht mehr so schützbar, wie das frü-
her bei den physischen Tonträgern wie die Schallplatte war. Trotzdem glaube
ich, liegt die Änderung nicht in einer Änderung der Rechte, sondern vielmehr in
der realistischen Anpassung der Vorstellung der Künstler oder Verlage oder mit
dem Hintergrund des Geldflusses, die Wertschöpfung aufrecht zu erhalten, das
die Menschen die diese Rechte nutzen auch angemessen bezahlen, was auch
immer das bedeutet. Aber angemessen muss einen Zusammenhang haben,
zwischen den Einnahmen des Musiknutzers, weil der hat die Einnahmen durch
Nutzung der Rechte von Dritten. Hier muss es ein Verhältnis geben das ange-
messen ist und auch so vergütet wird, also Fair sodass alle Seiten davon leben
können. Vor allem Unternehmen die Gewinne durch die Nutzung der Rechte
Dritter erzielen, weil ihr Geschäftsmodell darauf basiert und das aber nicht an-
gemessen vergüten, sehe ich als Diebstahl auf erster Ebene. Also ich nutze

seine Rechet und will dafür nicht zahlen, sondern erziele hinter dem Rücken des Urhebers auch noch Gewinne und nehme viel Geld ein.

10. Haben sie schon von C3S gehört und was ist ihre Meinung dazu?

Ja habe ich, bin aber nicht darüber Informiert. Deshalb würde ich hierzu gerne nichts sagen. Das wäre wieder Halbwissen.

Ende

Anhang 5: EDV-Verrechnungsschlüssel

**EDV-Verrechnungsschlüssel
für die Punktbewertung der Abschnitte X-XIII**

	E-Musik		Rundfunk	
	Punkte	Schlüssel	Punkte	Schlüssel
1. Werke gemäß Abschn. X Ziff. 3				
bis zu 2 Minuten	12	038	1	038
über 2 Minuten bis zu 4 Minuten	24	039	1	039
2. Werke gemäß Abschn. X Ziff. 4				
bis zu 2 Minuten	24	048	1¼	048
über 2 Minuten bis zu 4 Minuten	36	049	1½	049
3. Instrumentalwerke (1–2 Instrumentalstimmen) sowie 1–4 stimmige solistische Vokalwerke a cappella oder mit Begleitung von 1–2 Instrumenten sowie Chansons				
unter 5 Minuten	36	031	1¼	030
ab 5 Minuten	96	032	1¼	030
ab 10 Minuten	180	033	1¼	030
ab 20 Minuten	360	034	1¾	034
ab 30 Minuten	480	035	1¾	034
ab 45 Minuten	720	036	1¾	034
ab 60 Minuten	960	037	1¾	034
Chansons (E)	36	131	1¼	130
4. Instrumentalwerke (3–9 Instrumentalstimmen) sowie solistische Vokalwerke mit mehr als vier realen Stimmen a cappella oder mit Begleitung von 3–6 obligaten Instrumenten				
unter 5 Minuten	60	041	2	040
ab 5 Minuten	120	042	2	040
ab 10 Minuten	240	043	2	040
ab 20 Minuten	480	044	2	040
ab 30 Minuten	720	045	2	040
ab 45 Minuten	960	046	2	040
ab 60 Minuten	1 200	047	2	040

5. *Entfällt*

6. *Entfällt*

	E-Musik		Rundfunk	
	Punkte	Schlüssel	Punkte	Schlüssel

7. Chorwerke a cappella (1–4stimmig) oder mit Begleitung von 1–2 Instrumenten

	E-Musik Punkte	Schlüssel	Rundfunk Punkte	Schlüssel
bis zu 2 Minuten..............................	12	078	1	078
über 2 Minuten bis zu 3 Minuten	24	079	1	079
unter 5 Minuten	36	071	1½	070
ab 5 Minuten	96	072	1½	070
ab 10 Minuten	180	073	1½	070
ab 20 Minuten	360	074	1½	070
ab 30 Minuten	720	075	1½	070
ab 45 Minuten	960	076	1½	070
ab 60 Minuten	1200	077	1½	070

8. Chorwerke mit Begleitung von 3–6 obligaten Instrumenten oder a cappella mit mehr als 4 realen Stimmen

	E-Musik Punkte	Schlüssel	Rundfunk Punkte	Schlüssel
bis zu 2 Minuten..............................	36	088	1¼	088
über 2 Minuten bis zu 3 Minuten	72	089	1½	089
unter 5 Minuten	96	081	1¾	080
ab 5 Minuten	120	082	1¾	080
ab 10 Minuten	240	083	1¾	080
ab 20 Minuten	480	084	1¾	080
ab 30 Minuten	720	085	1¾	080
ab 45 Minuten	960	086	1¾	080
ab 60 Minuten	1200	087	1¾	080

9. Werke für Streich- und Kammerorchester in beliebiger Besetzung sowie Vokal-, Chor- und Instrumentalwerke mit Streich- und Kammerorchesterbegleitung

	E-Musik Punkte	Schlüssel	Rundfunk Punkte	Schlüssel
bis zu 2 Minuten..............................	40	098	1¾	098
über 2 Minuten bis zu 3 Minuten	80	099	2	099
bis unter 5 Minuten	120	091	2¼	090
ab 5 Minuten	240	092	2¼	090
ab 10 Minuten	480	093	2¼	090
ab 20 Minuten	960	094	2¼	090
ab 30 Minuten	1200	095	2¼	090
ab 45 Minuten	1680	096	2¼	090
ab 60 Minuten	2160	097	2¼	090

	E-Musik		Rundfunk	
	Punkte	Schlüssel	Punkte	Schlüssel

10. Werke für großes Orchester sowie Vokal-, Chor- und Instrumentalwerke mit großem Orchester

	Punkte	Schlüssel	Punkte	Schlüssel
bis zu 2 Minuten..................................	80	108	2	108
über 2 Minuten bis zu 3 Minuten	160	109	2¼	109
bis unter 5 Minuten............................	240	101	2½	100
ab 5 Minuten	480	102	2½	100
ab 10 Minuten	960	103	2½	100
ab 20 Minuten	1 200	104	2½	100
ab 30 Minuten	1 680	105	2½	100
ab 45 Minuten	2 160	106	2½	100
ab 60 Minuten	2 400	107	2½	100

11. Elektroakustische Musik, Musik mit überwiegend elektroakustischen Anteilen

	Punkte	Schlüssel	Punkte	Schlüssel
bis zu 2 Minuten..................................	12	308	1	300
über 2 Minuten bis zu 4 Minuten	24	309	1	300
über 4 Minuten bis zu 5 Minuten	36	301	1	300
über 5 Minuten bis zu 10 Minuten	96	302	1	300
über 10 Minuten bis zu 20 Minuten....	180	303	1	300
über 20 Minuten bis zu 30 Minuten....	360	304	1	300
über 30 Minuten bis zu 45 Minuten....	720	305	1	300
über 45 Minuten bis zu 60 Minuten....	960	306	1	300
über 60 Minuten..................................	1 200	307	1	300
auf Antrag im Rundfunk			1¼	310
			1½	320
			1¾	330
			2	340
			2¼	350
			2½	360

	E-Musik		Rundfunk	
	Punkte	Schlüssel	Punkte	Schlüssel
auf Antrag Bewertung nach Punkteschema in Ziffer 9				
bis zu 2 Minuten...............................	40	408	1	400
über 2 Minuten bis zu 3 Minuten	80	409	1	400
bis unter 5 Minuten..............................	120	401	1	400
ab 5 Minuten	240	402	1	400
ab 10 Minuten	480	403	1	400
ab 20 Minuten	960	404	1	400
ab 30 Minuten	1200	405	1	400
ab 45 Minuten	1680	406	1	400
ab 60 Minuten	2160	407	1	400
auf Antrag im Rundfunk			1¼	410
			1½	420
			1¾	430
			2	440
			2¼	450
			2½	460
Erkennungsmusiken, Werke oder Werkfragmente			1	170

	U-Musik		Rundfunk	
	Punkte	Schlüssel	Punkte	Schlüssel
1.	12	001	1	001
2.	24	002	1	002
	36	007	1	007
	48	008	1	008
3.	36	003	1	003
3.a)	36	014	1¼	014
3.b)		025		025
4.	48	004	1	004
	48	022	1¼	022
5.	60	005	1	005
	60	023	1½	023
6.				
bis zu 2 Minuten...........................	24	621	1	620
über 2 Minuten bis zu 4 Minuten	36	622	1	620
über 4 Minuten bis zu 10 Minuten......	60	623	1¼	623
über 10 Minuten bis zu 15 Minuten....	120	624	1½	624
über 15 Minuten bis zu 20 Minuten....	180	625	1¾	625
über 20 Minuten bis zu 30 Minuten....	360	626	1¾	625
über 30 Minuten	480	627	2	627
7.	96	006	1½	006
			1¾	024
	Minuten			
Analog: X Ziff. 1 bis zu 2	12	538	1	538
über 2 bis 4	24	539	1	539
Analog: X Ziff. 2 bis zu 2	24	548	1¼	548
über 2 bis 4	36	549	1½	549
Analog: X Ziff. 3 unter 5	36	531	1¼	530
ab 5	96	532	1¼	530
ab 10	180	533	1¼	530
ab 20	360	534	1¾	534
ab 30	480	535	1¾	534
ab 45	720	536	1¾	534
ab 60...........................	960	537	1¾	534
Analog: X Ziff. 4 unter 5	60	541	2	540
ab 5	120	542	2	540
ab 10	240	543	2	540
ab 20	480	544	2	540
ab 30	720	545	2	540
ab 45	960	546	2	540
ab 60...........................	1200	547	2	540
Analog: X Ziff. 7 bis zu 2	12	578	1	578
über 2 bis 3	24	579	1	579
unter 5	36	571	1½	570
ab 5	96	572	1½	570
ab 10	180	573	1½	570
ab 20	360	574	1½	570
ab 30	720	575	1½	570

		U-Musik		Rundfunk	
		Punkte	Schlüssel	Punkte	Schlüssel
	Minuten				
	ab 45	960	576	1½	570
	ab 60	1200	577	1½	570
Analog: X Ziff. 8	bis zu 2	36	588	1¼	588
	über 2 bis 3	72	589	1½	589
	unter 5	96	581	1¾	580
	ab 5	120	582	1¾	580
	ab 10	240	583	1¾	580
	ab 20	480	584	1¾	580
	ab 30	720	585	1¾	580
	ab 45	960	586	1¾	580
	ab 60	1200	587	1¾	580
Analog: X Ziff. 9	bis zu 2	40	598	1¾	598
	über 2 bis 3	80	599	2	599
	bis unter 5	120	591	2¼	590
	ab 5	240	592	2¼	590
	ab 10	480	593	2¼	590
	ab 20	960	594	2¼	590
	ab 30	1200	595	2¼	590
	ab 45	1680	596	2¼	590
	ab 60	2160	597	2¼	590
Analog: X Ziff. 10	bis zu 2	80	608	2	608
	über 2 bis 3	160	609	2¼	609
	bis unter 5	240	601	2½	600
	ab 5	480	602	2½	600
	ab 10	960	603	2½	600
	ab 20	1200	604	2½	600
	ab 30	1680	605	2½	600
	ab 45	2160	606	2½	600
	ab 60	2400	607	2½	600
Analog: X Ziff. 11	bis zu 2	12	808	1	800
	über 2 bis 4	24	809	1	800
	über 4 bis 5	36	801	1	800
	über 5 bis 10	96	802	1	800
	über 10 bis 20	180	803	1	800
	über 20 bis 30	360	804	1	800
	über 30 bis 45	720	805	1	800
	über 45 bis 60	960	806	1	800
	über 60	1200	807	1	800
auf Antrag im Rundfunk				1¼	810
				1½	820
				1¾	830
				2	840
				2¼	850
				2½	860

	U-Musik		Rundfunk	
	Punkte	Schlüssel	Punkte	Schlüssel
(frühere Ziff. 7 enthalten in Ziff. 7 Abs. 3)	96	010	1¾	010
	96	011	2	011
	96	012	2¼	012
	96	013	2½	013
	240	015	2½	013
	480	016	2½	013
	960	017	2½	013
	1 200	018	2½	013
	1 680	019	2½	013
	2 160	020	2½	013
	2 400	021	2½	013
Gemischte Potpourris	12	009	1	009

	E-Musik		Rundfunk	
	Punkte	Schlüssel	Punkte	Schlüssel
bis zu 2 Minuten	12	128	1	120
über 2 bis zu 4 Minuten	24	129	1	120
über 4 bis zu 5 Minuten	36	121	1	120
über 5 bis zu 10 Minuten	96	122	1	120
über 10 bis zu 20 Minuten	180	123	1	120
über 20 bis zu 30 Minuten	360	124	1	120
über 30 bis zu 45 Minuten	720	125	1	120
über 45 bis zu 60 Minuten	960	126	1	120
über 60 Minuten	1 200	127	1	120
Werkausschuss-Einstufung Rundfunk			1¼	180
			1½	110
			1¾	190
			2	200
			2¼	210
			2½	220

9 Quellenverzeichnis

Bundesverband Musikindustrie e.V. (2011): Musikindustrie in Zahlen 2010

Bundesverband Musikindustrie e.V. (2012): Satzung Bundesverband Musikindustrie

Bundesverband Musikindustrie e.V. (2012): Aufgaben und Ziele: http://www.musikindustrie.de/aufgaben_ziele, Abgerufen am 01.07.2012

Bundesverband Musikindustrie e.V. (2012): International Standart Recording Code: http://www.musikindustrie.de/isrc, Abgerufen am 01.07.2012

Bundesverband Musikindustrie e.V. (2012): Publikationen: http://www.musikindustrie.de/studien, Abgerufen am 01.07.2012

Gesellschaft für musikalische Aufführungs- und mechanisch Vervielfältigungsrechte 2011): Gema Jahrbuch 2011/2012. Nomos Verlagsgesellschaft mbh & Co KG Baden-Baden

Gesellschaft für Konsumforschung, GfK Consumer Panel (2012): Studie zur digitalen Content-Nutzung, Presseversion

Gesellschaft für musikalische Aufführungs- und mechanisch Vervielfältigungsrechte 2012):Allgemeine Informationen: https://www.gema.de, Mehrmals abgerufen

Gesellschaft für musikalische Aufführungs- und mechanisch Vervielfältigungsrechte 2012): Neueste Entwicklungen: https://www.gema.de/nl/062012/mitgliedernews/inka.html, Abgerufen am 20.07.2012

http://www.musikexpress.de/incoming/article289829.ece/ALTERNATES/w620/GEMA% 2Bvs%2BYouTube.jpg, Abgerufen am 30.06.2012

International Federation of the Phonographic Industry (2010): IFPI Digital Music Report: Music how, when, where you want

juris GmbH (2011): Gesetz über Urheberrecht und verwandte Schutzrechte (Urheber-rechtsgesetz)

Mikos, L. / Wegener, C. (2005): Qualitative Medienforschung, Ein Handbuch. UVK Verlagsgesellschaft mbH Konstanz

Smudits A. (2002): Mediamorphosen des Kulturschaffens: Kunst und Kommunikations-technologien im Wandel, Braunmüller GmbH, A-Wien

Virtuos Das Magazin der GEMA (2010): Gema Wissen, Ausgabe März 2010. Nomos Verlagsgesellschaft mbH & Co KG Baden-Baden